著　者
芦田　久美子
氷野　善寛
王　牧

表紙デザイン
(株)欧友社

イラスト
川野郁代

JN125962

🎧 **音声ファイル無料ダウンロード**

http://www.kinsei-do.co.jp/download/0728

この教科書で 🎧 DL 00 の表示がある箇所の音声は、上記 URL または QR コードにて
無料でダウンロードできます。自習用音声としてご活用ください。

▶ PC からのダウンロードをお勧めします。スマートフォンなどでダウンロードされる場合は、
　ダウンロード前に「解凍アプリ」をインストールしてください。
▶ URL は、**検索ボックスではなくアドレスバー(URL 表示覧)**に入力してください。
▶ お使いのネットワーク環境によっては、ダウンロードできない場合があります。

◎ **CD 00**　左記の表示がある箇所の音声は、**教室用 CD** に収録されています。

目　次

第 1 课　我是日本人。<u>私は日本人です。</u>……………………………………… 022

1 人称代名詞
2 "的 de"
3 "是 shì"

第 2 课　这是汉语课本。<u>これは中国語の教科書です。</u>…………………… 026

1 指示代名詞
2 疑問詞 "什么 shénme"（なに）・"谁 shéi"（だれ）・"哪个 nǎge"（どれ）
3 副詞 "也 yě"（も）・"都 dōu"（みな）・"也都 yě dōu"（もみな）

第 3 课　我们去麦当劳吧。<u>マクドナルドに行きましょう。</u>……………… 030

1 動詞述語文　主語 + 動詞 + 目的語「〜は…する」
2 文末助詞 "吧 ba"・"呢 ne"
3 時間「いつ・どこで・する・なにを」の語順の確認

第 4 课　明天天气不太好。<u>明日の天気はあまり良くない。</u>……………… 034

1 形容詞述語文
2 程度副詞
3 主述述語文

第 5 课　我今年十八岁。<u>私は今年 18 歳です。</u>…………………………… 038

1 数量の言い方 / 量詞①
2 所有を表す "有 yǒu"
3 名詞述語文

第 6 课　食堂在图书馆对面。<u>食堂は図書館の向かいにあります。</u>……… 042

1 場所代名詞
2 方位詞
3 所在を表す "在 zài"

グッと

入門中国語

改訂版

芦田久美子・氷野善寛・王牧

GOOD!

棒！

KINSEIDO

まえがき

　このテキストは中国語をこれから始める初心者の人のために編まれたものです。

　小さなステップでコツコツ作業していき、このテキストを終えた時点で中国語検定の準4級を受験することを目標としています。

　当初は、いかにわかりやすく負担を少なくし、苦手意識を与えずに学習を続けていけるかに重点を置いていましたが作っていくうちにあれもこれもと欲が出てしまいました。試行錯誤を重ね、なんとか収めたものの内容満載の大変真面目な1冊ができあがりました。

　検定試験に合格できるよう頻出漢字や表現を取り上げ、ポイントをしっかり押さえていますので、自信をもって中国語検定準4級にチャレンジしてみてください。

　皆さんが楽しく中国語を学べることを願っています。

著者一同

web サポートサイト
https://ch-station.org/good/

1. これから学ぶ「中国語」を最も使っている「中国」ってどんな国？

書いてみよう

地図に都市や川を書き込みましょう。
・北京・上海・大連・香港・長江・黄河

中国の正式名称は（　　　　　　　　　　　　　）。

（ 1911 / 1949 / 1972 ）年に成立した国で、首都は（　　　　　）です。

人口は、約（　　　　　　）人で、（ 36 / 56 / 64 ）の民族が共存する多民族国家です。
そのうち漢族が全体の約（　　　　　　）％を占めています。

通貨は（　　　　　　　）で、日本との時差は（　　　）時間です。

2.「中国語」が話される国や地域

　単に「中国語」というと、中国で話されている言葉すべてを指します。中国は多民族国家なので、民族の数だけ言葉があります。

　その中でも漢族が話す言葉を "汉语 Hànyǔ" と言います。この "汉语" には方言がたくさんあります。たとえば方言の一つである北京語と広東語では、まるで別の国の言葉のようです。

　これから皆さんが学ぶのは "汉语" の標準語で中国大陸では "普通话 pǔtōnghuà" と呼ばれています。この言葉は首都である（　　　　　　）を含む北方で話される方言を基礎として作られたものです。

　中国語は、中国大陸の内外で広く使われており、使用される場所は中国大陸に限りません。日本の街中でもよく中国語を耳にしますね。

3. 中国語の発音について

　これから勉強する"普通话"で使う文字は漢字ですが、当然日本語の漢字の発音とは異なります。

　漢字の発音を表すために"拼音 pīnyīn"（拼音）というローマ字表記を使います。

　ピンインはとても大事で、スマホやPCの入力にも必要で、辞書を引く時にも使います。

　ピンインは、ピンイン独自の読み方のルールがあります。英語やローマ字の読み方とは異なります。まずはピンインの習得を目指しましょう。

　次のピンインはどんな音でしょうか？

読んでみよう　　cān　hē　yǒu

　ピンインの上にある符号は、音の高さを表す"声调 shēngdiào"（声調）と言います。
4種類あるので、「四声（しせい）」とも呼ばれます。

4. 中国語の漢字について

　中国語の表記には漢字を使います。

　中国語で使う漢字には、"简体字 jiǎntǐzì"（簡体字）と"繁体字 fántǐzì"（繁体字）があります。

　中国大陸、シンガポールでは簡体字を使い、香港、マカオ、台湾では繁体字が使われています。日本の漢字を含めた3つの漢字を比べてみましょう。

简 体 字	日 本 の 漢 字	繁 體 字
广	広	廣

　この教科書で皆さんが学ぶのは簡体字です。

書いてみよう

次の簡体字のどこが日本の漢字と違うか〇をつけてみましょう。

差　　　骨　　　花

声 調

中国語には、音の高低や上げ下げがあり、それにより意味が変わります。4種類あることから四声^{しせい}と呼び、調子の違いにより第1声、第2声、第3声、第4声という名前がついています。

第1声	第2声	第3声	第4声
高く平らに	一気に上げる	低く抑える	一気に下げる
mā	má	mǎ	mà
妈	麻	马	骂
（お母さん）	（麻、しびれる）	（馬）	（しかる）

DL 01
CD1-01

書いてみよう 4つの音を聞いて音の高低、上げ下げを意識しながら「線」を書き込みましょう。

高
中
低

軽 声

四声のほかに「軽声」という軽く短く発音する音があります。

軽声には決まった音の高さはなく、前の音の高さによって変わります。

書いてみよう 軽声の高さを意識しながら線と点を書き込みましょう。

DL 02
CD1-02

第1声＋軽声	第2声＋軽声	第3声＋軽声	第4声＋軽声
māma	máma	mǎma	màma

高
中
低

トレーニング

1 発音を聞いて、発音された方を選びましょう。

DL 03　CD1-03

① mā・má　　② má・mà　　③ mǎ・má

2 a の上に発音された声調符号を書き込みましょう。例：mā má mǎ mà

DL 04　CD1-04

① ma　　② ma　　③ ma　　④ ma

3 発音してみましょう。

DL 05　CD1-05

妈 妈 骂 马。（お母さんは馬をしかる。）

māma　mà mǎ.

単母音

日本語の「あ　い　う　え　お」と同じで基本となる音です。口の開き方に注意して発音してみましょう。

a	o	e
口を大きく開けて「アー」	唇を丸くし「オー」	「エ」の口で「オー」
i(yi)	u(wu)	ü(yu)
口を横に強く引き「イー」	唇を丸めて突き出し「ウー」	「ヒュ」の口の形で「イー」

◆ i u ü は前に子音がつかない場合は、yi　wu　yu と書きます。

そり舌母音

6つの単母音以外に、子音がつかず単独で音節となる「そり舌母音」があります。

er... 「アー」と言いながら舌先をすばやくそり上げます。

トレーニング

1 母音の違いに注意して発音されたピンインを選びましょう。

① ō・ē 　　② ǒ・wǔ 　　③ wú・yú 　　④ yì・yù

2 声調に注意して発音されたピンインを選びましょう。

① á・ǎ 　　② é・è 　　③ yǐ・yì 　　④ ěr・èr

3 発音されたピンインを書きましょう。

① (　　　　　) 　② (　　　　　) 　③ (　　　　　)

子 音

子音は 21 個あります。子音だけでは発音できないので、(　) の母音をつけて発音してみましょう。

	無気音	有気音			発音のポイント
唇音	b(o)	p(o)	m(o)	f(o)	上下の唇を合わせる
舌尖音	d(a)	t(a)	n(a)	l(a)	舌先で上前歯の裏をはじく
舌根音	g(a)	k(a)	h(a)		舌の付け根をあげる
舌面音	j(i)	q(i)	x(i)		舌を平たく
そり舌音	zh(i)	ch(i)	sh(i)	r(i)	舌先をそり上げる
舌歯音	z(i)	c(i)	s(i)		舌先で上の前歯付け根を軽くタッチする

DL 11

CD1-11

◆子音 j q x に ü がつく場合は、ü の上の点が消えて、ju　qu　xu と書きます。

そり舌

鏡かスマホで口の
中を見て、舌の裏
が見えるか確認

発音のポイント①…無気音と有気音

息を抑え気味に出す「無気音」と息を強く出す「有気音」を区別する。

無気音	有気音
ba	pa

発音のポイント②…3つの i

基本の i…口をしっかりと横に引く	ji　qi　xi
こもった音の i…舌先を上前歯付け根より少し上まで上げ、zhi は「ヂ」chi は「チ」、shi は「シ」、ri は「リ゛」と発音します。	zhi　chi　shi　ri
「ウ」に近い音の i…口を軽く横に引き、「イ」の口の形で「ウ」 zi は「ヅ」ci は「ツ」、si は「ス」と発音します。	zi　ci　si

DL 12

CD1-12

発音のポイント③…似ているけど違う音、口の形に注意しましょう。

口をしっかり突き出して	zu	cu	su
喉の奥から e の発音で	ze	ce	se
口を軽く横に引きながら「ウ」	zi	ci	si

DL 13

CD1-13

トレーニング

1 発音されたピンインを選びましょう。
DL 14　CD1-14

① bà・pà　　② zī・zhī　　③ qí・chí　　④ nǔ・nǐ　　⑤ sè・sù

2 発音された子音を書きましょう。
DL 15　CD1-15

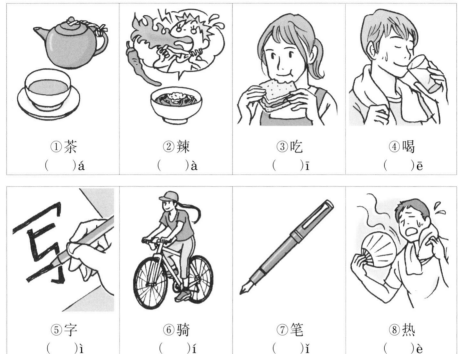

①茶　　　　　②辣　　　　　③吃　　　　　④喝
（　）á　　　（　）à　　　（　）ī　　　（　）ē

⑤字　　　　　⑥骑　　　　　⑦笔　　　　　⑧热
（　）ì　　　（　）í　　　（　）ǐ　　　（　）è

3 発音と声調に気を付けて読んでみましょう。
DL 16　CD1-16

①四　是　四。　　②十　是　十。　　③十四　是　十四。
Sì　shì　sì.　　　Shí　shì　shí.　　Shísì　shì　shísì.
（四は四。）　　　（十は十。）　　　（十四は十四。）

4 無気音と有気音に気を付けて読んでみましょう。
DL 17　CD1-17

①爸爸　怕　妈妈。　②哥哥　喝　可乐。　③吃　七　只　鸡。
Bàba　pà　māma.　　Gēge　hē　kělè.　　Chī　qī　zhī　jī.
（父は母が怖い。）　　（兄はコーラを飲む）　（ニワトリを7羽食べる。）

複 母 音

2つまたは3つの母音をつなげて読みます。

組み合わせは全部で13種類あります。

二重母音　>型　前の母音を強く読むタイプ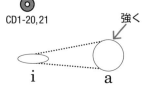

ai	ei	ao	ou

◆複母音のeは、単母音のeの発音とは異なり、日本語の「エ」のように発音します。

読んでみよう 子音をつけて読んでみましょう。

① cài 菜（料理）　② méi 没（~ない）　③ hǎo 好（良い）　④ zǒu 走（歩く）

二重母音　<型　後ろの母音を強く読むタイプ

ia	ie	ua	uo	üe
ya	ye	wa	wo	yue

前に子音がない場合の表記

◆複母音のeは、単母音のeの発音とは異なり、日本語の「エ」のように発音します。

子音 j q x に üe がつく場合は、üの上の点が消えて、jue que xue と書きます。

読んでみよう 子音をつけて読んでみましょう。

üの音

① jiā 家（家）　② xiě 写（書く）　③ huà 画（描く）　④ shuō 说（話す）　⑤ xué 学（勉強する）

三重母音　<>型　真ん中の母音を強く読むタイプ

iao	iou	uai	uei
yao	you	wai	wei

◆iou と uei は前に子音がつく場合は、o と e が消えて、iu ui と書きます。

読んでみよう 子音をつけて読んでみましょう。

① xiǎo 小（小さい）　② liù 六（6）　③ shuài 帅（かっこいい）　④ duì 对（その通り）

iou の音　　　　　uei の音

12

トレーニング

声調符号のルールを確認

1 発音を聞いて正しい位置に声調符号を書き入れましょう。

DL 24　CD1-24

① miao　　② you　　③ yue　　④ hui

2 発音されたピンインを選びましょう。

DL 25　CD1-25

① xiǎo・shǎo　　② duō・dōu　　③ zhà・jià　　④ qiú・chóu

3 発音された複母音と声調符号を書き入れましょう。

DL 26　CD1-26

①狗	②买	③票	④九
g(　　　)	m(　　　)	p(　　　)	j(　　　)

4 会話をしてみましょう。

DL 27　CD1-27

① 问：你 好。　　　答：你 好。
　　Nǐ hǎo.　　　　　Nǐ hǎo.
　　（こんにちは）

② 问：你 有 吗？　　答：有。/ 没有。
　　Nǐ yǒu ma?　　　Yǒu / Méiyǒu.
　　（持っていますか。）　（持っています。/ 持っていません。）

声調符号はここにつける！

ルール1	声調は母音 {a o e i u ü} の上につける (mā lù)
ルール2	a があれば a の上につける (māo piāo)
ルール3	a がなければ o か e につける (duō yuè)
ルール4	iu か ui の組み合わせは母音の後ろにつける (huí jiǔ)
ルール5	i の上に声調符号をつける時は 点を取って符号をつける (ī í ǐ ì)

母音が複数ある場合は…

a があれば一択

どちらか

a
o, e　ui

ui, iu のペアは後ろにつける

発音編

13

鼻母音

中国語の鼻母音には"n"と"-ng"の2つがあります。

"-n" 日本語で「あんない（案内）」と発音する時の「ん」の発音です。舌先を上の歯の裏につけ、息は口から出さず、鼻のほうに抜けます。

an	en	ian	in
		yan	yin
uan	uen	ün	üan
wan	wen	yun	yuan

DL 28,29　CD1-28,29

前に子音がない
場合の表記

読んでみよう 単語で読んでみましょう。

① rén 人 (人)　　② tián 甜 (甘い)　　③ bān 班 (クラス)　　④ qián 钱 (お金)

"-ng" 日本語の「あんがい（案外）」の時の「ん」の発音です。口を開け、舌先を下げ、どこにもつけずに「ん」と発音します。

ang	eng	iang	ing	ong
		yang	ying	
uang	ueng			iong
wang	weng			yong

DL 30,31　CD1-30,31

読んでみよう 単語で読んでみましょう。

① chàng 唱 (歌う)　　② téng 疼 (痛い)　　③ wàng 忘 (忘れる)　　④ sòng 送 (送る、贈る)

発音のポイント① … 消える"e"

"-uen"は、子音が付くと"-un"と表記されます（発音は弱く残ります）。

読んでみよう 単語で読んでみましょう。 DL 32　CD1-32

① chūn 春 (春)　　② cūn 村 (村)　　③ kùn 困 (眠い)

発音のポイント② …「エ」と発音する"a"

"-ian"は、"a"が「ア」ではなく、「エ」に近い音で発音します。表記と発音が違うので気を付けましょう。

読んでみよう 単語で読んでみましょう。 DL 33　CD1-33

① miàn 面 (麺類)　　② jiàn 见 (会う)　　③ diǎn 点 (注文する)

トレーニング

1 発音を聞いて正しい位置に声調符号を書き入れましょう。
DL 34　CD1-34

① yin　　② ying　　③ wen　　④ jiang

2 発音されたピンインを選びましょう。
DL 35　CD1-35

① qiān・qiāng　　② bēn・bēng　　③ dàn・duàn　　④ yùn・yòng

3 発音された母音と鼻母音と声調符号を書き入れましょう。
DL 36　CD1-36

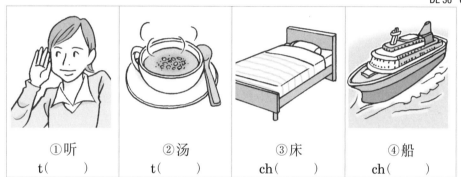

①听　　　　②汤　　　　③床　　　　④船
t(　　)　　t(　　)　　ch(　　)　　ch(　　)

4 文をゆっくり発音してみましょう
DL 37　CD1-37

①　晚上　好。　　②　天　亮　了。　　③　今天　很　冷。
　Wǎnshang hǎo.　　　Tiān liàng le.　　　Jīntiān hěn lěng.
　（こんばんは。）　　（空が明るくなった。）　　（今日は寒いです。）

---

n か ng で迷ったら…

n か ng で迷ったら日本の漢字の音読みを確認してみよう。

音読みで「ん」で終わる　　→　　**n**　　例：山（さん）shān　前（ぜん）qián

音読みで「ん」以外の場合　→　　**ng**　　例：明（めい）míng　送（そう）sòng

発音まとめ

1. 変調

前後の声調などにより、声調が変わることを「変調(へんちょう)」と言います。変調するケースは次の3つです。

① 第3声が連続する場合、前が第2声になります（声調符号は<u>そのまま</u>です）。 DL 38 CD1-38

你好（こんにちは）　　　　　　　　　　　水果（果物）
nǐ hǎo　　　　　　　　　　　　　　　　shuǐguǒ

"ní hǎo"と発音　　　　　　　　　　　　"shuíguǒ"と発音

② "不 bù"の後ろに第4声が来ると、第2声になります（声調符号も<u>変わります</u>）。 DL 39 CD1-39

不去（行かない）　　　　　　　　　　　不对（違います）
bú qù　　　　　　　　　　　　　　　　bú duì

③ "一 yī"はいずれも変調します（声調符号も<u>変わります</u>）。 DL 40 CD1-40

後ろに第4声が来る場合のみ、第2声に変調する。

"一"+第1声	"一"+第2声	"一"+第3声	"一"+第4声
yìqiān	yìnián	yìbǎi	yíwàn
一千	一年	一百	一万

ただし、順番や順序を表す場合は、第1声で発音します。

一月一号（1月1日）　　第一课（第1課）　　二零二一年（2021年）
yī yuè yī hào　　　　　dì yī kè　　　　　　èr líng èr yī nián

ピンインルール ── 隔音符号と大文字

❶ 二番目以降の音節が a, o, e ではじまる場合、前の音節との区切りをはっきりと示すため隔音符号［'］をつけます。

天安门　　　　　西安　　　　　恋爱　　　　　女儿
Tiān'ānmén　　　Xī'ān　　　　 liàn'ài　　　　nǚ'ér

❷ 固有名詞と文頭の最初の文字は大文字にします。

日本　　李大力　　　山田　太郎　　　我 是 日本人。
Rìběn　 Lǐ Dàlì　　　Shāntián Tàiláng　　Wǒ shì Rìběnrén.

❸ 単語単位で続けて書く。

我 去 中国。
Wǒ qù Zhōngguó.

2. 儿化（アル化）

特定の単語の後ろに "儿 ér" がつくことを "儿化" と言います。
ピンイン表記では "e" は消えて、"r" だけを単語の後ろにつけます。
単語の最後が "i" と "n" の場合、"i" と "n" は発音せず直前の母音の口の形で舌先をくるりと丸めて発音します。

花儿 huā er → huār

読んでみよう 音を確認しましょう。 DL 41 CD1-41

① nǎr 哪儿（どこ）　② yìdiǎnr 一点儿（少し）　③ yíhuìr 一会儿（しばらく）

3. 二音節の組みあわせ

中国語の単語は2音節が多いので、声調が連続したときの感覚を掴みましょう。

読んでみよう DL 42 CD1-42

	第1声	第2声	第3声	第4声	軽声
第1声	飞机 fēijī （飛行機）	公园 gōngyuán （公園）	英语 Yīngyǔ （英語）	超市 chāoshì （スーパー）	桌子 zhuōzi （つくえ）
第2声	滑冰 huábīng （スケート）	邮局 yóujú （郵便局）	牛奶 niúnǎi （牛乳）	学校 xuéxiào （学校）	朋友 péngyou （友だち）
第3声	老师 lǎoshī （先生）	网球 wǎngqiú （テニス）	手表 shǒubiǎo （うで時計）	早饭 zǎofàn （朝ごはん）	饺子 jiǎozi （餃子）
第4声	大家 dàjiā （みんな）	地图 dìtú （地図）	课本 kèběn （教科書）	电话 diànhuà （電話）	筷子 kuàizi （はし）

◆ 第3声の後ろに音節が続く時は、3声は低く抑えたままです。

◆ 第3声が連続するときは、前の3声を2声に変えて読みます。（表記は3声のままです）

ウォーミングアップ

数字の基本

> 1つ、2つのようにモノを数える
> とき、2は"两 liǎng"を使います。

DL 43 CD1-43

1 桁の数字

零	一	二	三	四	五	六	七	八	九
líng	yī	èr	sān	sì	wǔ	liù	qī	bā	jiǔ

2 桁の数字

10	十	12	十二	20	二十	21	二十一	99	九十九
	shí		shí'èr		èrshí		èrshiyī		jiǔshijiǔ

DL 44 CD1-44

> 2つの数字に挟まれた
> 十は、軽声で読みます。

3 桁以上の数字

DL 45 CD1-45

千	百	十		
	1	0	0	一百 yìbǎi
	1	0	1	一百零一 yìbǎi líng yī
	1	1	0	一百一(十) yìbǎi yī(shí)
	1	1	1	一百一十一 yìbǎi yīshiyī
1	0	0	0	一千 yìqiān

> 3 桁以上の 10 の位には
> "一"を付けます。

中国のお金に関する言葉

中国の通貨単位は"人民币 rénmínbì"（RMB）です。中国語では"元 yuán"と言います。

"元"の下には"角 jiǎo"と"分 fēn"があり、1 元 =10 角 =100 分となります。

"元"と"角"は書き言葉で値札などに書かれ、話し言葉では"块 kuài""毛 máo"が使われ
ます。

問 多少 钱？（いくらですか。） DL 46 CD1-46
   Duōshao qián?

答 两 块 八 毛。Liǎng kuài bā máo.（2.8 元です。）
   二十三 块 四 毛。Èrshisān kuài sì máo.（23.4 元です。）

トレーニング

DL 47 CD1-47

1 数字を聞き取って書いてみましょう。

① .... ② .... ③ ....

2 金額を聞き取って書いてみましょう。

① .... ② .... ③ ....

時に関する言葉

月

一月 yīyuè （1月）	二月 èryuè （2月）	三月 sānyuè （3月）	…	十二月 shí'èryuè （12月）

DL 48　CD1-48

日

一号 yī hào （1日）	二号 èr hào （2日）	三号 sān hào （3日）	…	三十一号 sānshíyī hào （31日）

DL 49　CD1-49

曜日

星期一 xīngqīyī （月曜日）	星期二 xīngqī'èr （火曜日）	星期三 xīngqīsān （水曜日）	星期四 xīngqīsì （木曜日）	星期五 xīngqīwǔ （金曜日）	星期六 xīngqīliù （土曜日）	星期天 xīngqītiān （日曜日）

DL 50　CD1-50

その他

前年 qiánnián （おととし）	去年 qùnián （去年）	今年 jīnnián （今年）	明年 míngnián （来年）	后年 hòunián （再来年）
前天 qiántiān （おととい）	昨天 zuótiān （きのう）	今天 jīntiān （きょう）	明天 míngtiān （あした）	后天 hòutiān （あさって）

DL 51　CD1-51

トレーニング

DL 52　CD1-52

1 日付を聞き取って書いてみましょう。

① ....　② ....　③ ....

2 曜日を聞き取って書いてみましょう。

① ....　② ....　③ ....

時　間　 DL 53　CD1-53

早上	上午	中午	下午	晚上
zǎoshang	shàngwǔ	zhōngwǔ	xiàwǔ	wǎnshang
（朝）	（午前）	（正午）	（午後）	（夜）

6点　　　9点　　　12点　　　1点　　　6点

問　現在 几 点？（今何時ですか？）
　　Xiànzài jǐ diǎn?

答　現在 两 点 十五 分。（今2時15分です。）
　　Xiànzài liǎng diǎn shíwǔ fēn.

※2時は"二点"ではなく"两点 liǎng diǎn"となります。

※分が1ケタ（1～9分）の場合は、"零 líng"をつけます　"两点零三分"（2時3分）

トレーニング　 DL 54　CD1-54

1 時間を聞き取りましょう。

① .... ② .... ③ ....

自己紹介をしましょう。

　中国語で自己紹介する場合、名前は中国語の発音を使います。QR コードを読み取り、名前を入力して簡体字とピンインを確認して次の表に書きこみましょう。

林　翔

Lín　Xiáng

簡体字 _____

ピンイン _____

名前の聞き方、答え方　🎧 DL 55　💿 CD1-55

您贵姓?
Nín guì xìng?

我姓（　　　）。
Wǒ xìng

你叫什么名字?
Nǐ jiào shénme míngzi?

我叫（　　　）。
Wǒ jiào

挨拶　🎧 DL 56　💿 CD1-56

同学们好。
Tóngxuémen hǎo.

老师好。
Lǎoshī hǎo.

再见。Zài jiàn.

再见。Zài jiàn.

谢谢！ Xièxie!

不客气！
Bú kèqi!

对不起！
Duìbuqǐ!

没关系。
Méi guānxi.

我是日本人。 私は日本人です。

ねらい 「A は B です」を言える。

DL 57~59
CD1-57-59

语法 yǔfǎ 文法説明

1 人称代名詞

	1人称	2人称	3人称	疑問詞
単数	我 wǒ （私）	你・您 nǐ　nín （あなた）	他・她 tā　tā （彼・彼女）	谁 shéi （だれ）
複数	我们・咱们 wǒmen zánmen （私たち）	你们 nǐmen （あなたたち）	他们・她们 tāmen tāmen （彼ら・彼女ら）	

◆"您"は"你"の敬意を込めた言い方です。　◆"咱们"は聞き手を含む「私たち」です。

2 "的 de"

我 的 老师（私の先生）
wǒ de lǎoshī

他 的 同学（彼の同級生）
tā de tóngxué

西南 高中 的 学生（西南高校の学生）
Xīnán Gāozhōng de xuésheng

谁 的 老师（だれの先生）
shéi de lǎoshī

◆人称代名詞の後が人間関係や所属などの場合は、"的"を省略できます。

我 爸爸（私の父）
wǒ bàba

我们 学校（私たちの学校）
wǒmen xuéxiào

◆人称代名詞の後に所属先がくる場合は、複数形を使います。

3 "是 shì"

"A 是 B。"　「A は B です。」

我 是 日本人。　（私は日本人です。）
Wǒ shì Rìběnrén.

"A 不是 B。"　「A は B ではありません。」

她 不 是 中国人。（彼女は中国人ではありません。）
Tā bú shì Zhōngguórén.

"A 是 B 吗?"　「A は B ですか。」

你 是 大学生 吗？（あなたは大学生ですか。）
Nǐ shì dàxuéshēng ma?

◆疑問詞を使った疑問文でも語順は変わりません。

"A 是谁?"　「Aは誰ですか。」

他 是 谁 ？　　（彼はだれですか。）
Tā shì shéi?

他 是 我 的 老师 。（彼は私の先生です。）
Tā shì wǒ de lǎoshī.

替换练习 tìhuànliànxí　DL 60~62　CD1-60~62

① 问：你 是 中国人 吗？　　　　答：是 / 不 是，我 是 日本人。
　　Nǐ shì Zhōngguórén ma?　　　　Shì / Bú shì,　wǒ shì　Rìběnrén.

中国人 Zhōngguórén （中国人）	美国人 Měiguórén （アメリカ人）	韩国人 Hánguórén （韓国人）

② 问：他 是 大学生 吗？　　　　答：他 不 是 大学生。
　　Tā shì dàxuéshēng ma ?　　　　Tā　bú shì dàxuéshēng.

高中生 gāozhōngshēng （高校生）	初中生 chūzhōngshēng （中学生）	小学生 xiǎoxuéshēng （小学生）

③ 问：他 是 谁？　　　　　答：他 是 我 的 老师。
　　Tā shì shéi ?　　　　　Tā shì wǒ de lǎoshī.

我朋友 wǒ péngyou （私の友達）	李老师的学生 Lǐ lǎoshī de xuésheng （李先生の学生）	高桥的同学 Gāoqiáo de tóngxué （高橋さんの同級生）

第 1 课

DL 64

CD1-64

课文 kèwén　初めて会った張さんと林さんが話しています。

張美华：你　好，我　叫　张　美华。
　　　　Nǐ　hǎo,　wǒ　jiào Zhāng Měihuá.

林　翔：你　好，我　叫　林　翔。
　　　　Nǐ　hǎo,　wǒ　jiào Lín Xiáng.

張美华：你　是　中国人　吗？
　　　　Nǐ　shì　Zhōngguórén ma?

林　翔：不　是，我　是　日本人。
　　　　Bú　shì,　wǒ　shì　Rìběnrén.

張美华：你　是　大学生　吗？
　　　　Nǐ　shì　dàxuéshēng ma?

林　翔：对，我　是　东都　大学　的　学生。
　　　　Duì,　wǒ　shì　Dōngdū　Dàxué　de　xuésheng.

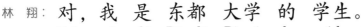
生词 shēngcí

DL 63

CD1-63

语法

□ 的 de	〜の	
□ 老师 lǎoshī	先生	
□ 同学 tóngxué	クラスメート	
□ 西南高中 Xīnán Gāozhōng	西南高校	
□ 学生 xuésheng	学生	
□ 爸爸 bàba	父	
□ 学校 xuéxiào	学校	
□ 是 shì	〜です	
□ 日本人 Rìběnrén	日本人	
□ 不 bù	〜ない	
□ 中国人 Zhōngguórén	中国人	
□ 吗 ma	（文末に置いて疑問の語気を表す）〜か	

替换

□ 大学生 dàxuéshēng	大学生
□ 美国人 Měiguórén	アメリカ人
□ 韩国人 Hánguórén	韓国人
□ 高中生 gāozhōngshēng	高校生
□ 初中生 chūzhōngshēng	中学生
□ 小学生 xiǎoxuéshēng	小学生
□ 朋友 péngyou	友達

课文

□ 你好 nǐ hǎo	こんにちは・はじめまして
□ 叫 jiào	（名を〜）という
□ 对 duì	はい、その通りである
□ 东都大学 Dōngdū Dàxué	東都大学

24

语法练习 yǔfǎliànxí

1 次のピンインを漢字にして、意味を書きましょう。

(1) Wǒ shì Rìběnrén.

_____

(2) Nǐ shì Měiguórén ma?

_____

2 日本語に合うよう並び替えましょう。

(1) 私は大学生です。(是 / 大学生 / 我 / 。)
　　　　　　　　　shì　dàxuéshēng　wǒ

_____

(2) あなたは韓国人ですか。(你 / 是 / 吗 / 韩国人 / ？)
　　　　　　　　　　　　nǐ　shì　ma　Hánguórén

_____

(3) 彼は高校生ではありません。(不 / 他 / 是 / 高中生 / 。)
　　　　　　　　　　　　　bú　tā　shì　gāozhōngshēng

_____

3 例文を参考にして、自己紹介文を書きましょう。

(例) こんにちは！私は高橋美穂と申します。私は日本人で、東都大学の学生です。

　　你 好！ 我 叫 高桥 美穗。我 是 日本人，是 东都 大学 的 学生。
　　Nǐ hǎo!　Wǒ jiào Gāoqiáo Měisuì. Wǒ shì Rìběnrén,　shì Dōngdū Dàxué de xuésheng.

_____

_____

決まり文句

认识 你 很 高兴。
Rènshi nǐ hěn gāoxìng.
(お知り合いになれて嬉しいです。)

请 多 关照。
Qǐng duō guānzhào.
(どうぞよろしくお願いします。)

DL 65　CD1-65

漢字ドリル
書き順を確認して簡体字をマスターしましょう。

| 师 (師) shī | 师 | 师 | 老师 lǎoshī 先生 | 课 (課) kè | 课 | 课 | 上课 shàngkè 授業に出る |
| 请 (請) qǐng | 请 | 请 | 请问 qǐngwèn お尋ねします | 东 (東) dōng | 东 | 东 | 东西 dōngxi もの |

这是汉语课本。 これは中国語の教科書です。

 ねらい　モノを指さし「これは〜です」を言える。

DL 66~68
CD1-66~68

语法 yǔfǎ 文 法 説 明

1 指示代名詞

	近称 こ	遠称 あ	疑問 ど
単数	这 zhè	那 nà	哪 nǎ
	这个 zhège / zhèige （これ）	那个 nàge / nèige （あれ）	哪个 nǎge / něige （どれ）
複数	这些 zhèxiē / zhèixiē （これら）	那些 nàxiē / nèixiē （あれら）	哪些 nǎxiē / něixiē （どれら）

"这个" + 名詞 の形で「この〜」 这个手机

"这些" + 名詞 の形で「これらの〜」 这些手机

2 疑問詞 "什么 shénme"（なに）・"谁 shéi"（だれ）・"哪个 nǎge"（どれ）

語順は肯定文と同じです。

这 是 **什么**？（これは何ですか。）
Zhè shì shénme？

— 这 是 **钱包**。（これはさいふです。）
Zhè shì qiánbāo.

这 是 **谁** 的 手机？
Zhè shì shéi de shǒujī？
（これは誰の携帯電話ですか。）

— 这 是 **我** 的 手机。
Zhè shì wǒ de shǒujī.
（これは私の携帯電話です。）

哪个 是 我 的？（どれが私のですか。）
Nǎge shì wǒ de？

— **那个** 是 你 的。（あれがあなたのです。）
Nàge shì nǐ de.

"什么" + 名詞 「何の〜」　例："什么书 shénme shū"（何の本）

这 是 **什么** 课本？
Zhè shì shénme kèběn?
（これは何の教科書ですか。）

— 这 是 **汉语** 课本。
Zhè shì Hànyǔ kèběn.
（これは中国語の教科書です。）

3 副詞 "也 yě"（も）・"都 dōu"（みな）・"也都 yě dōu"（もみな）

这 **也** 是 我 的 书。（これも私の本です。）
Zhè yě shì wǒ de shū.

这 **也** 不 是 我 的 课本。（これも私の教科書ではありません。）
Zhè yě bú shì wǒ de kèběn.

这些 **都** 是 我 姐姐 的。（これらはみんな私の姉のです。）
Zhèxiē dōu shì wǒ jiějie de.

◆副詞は動詞や形容詞の前に置きます。「〜もみな」の場合は、日本語と同じ順番です。

替换练习 tìhuànliànxí   DL 69~71　CD1-69~71

① 问：这 是 什么？
　　Zhè shì shénme?

答：这 是 书。
　　Zhè shì shū.

手机 shǒujī （携帯電話） 	课本 kèběn （教科書） 	词典 cídiǎn （辞典） 

② 问：这 是 什么 <u>书</u>？
　　Zhè shì shénme shū?

答：这 是 <u>漫画 书</u>。
　　Zhè shì mànhuà shū.

小说 / 恋爱小说 xiǎoshuō / liàn'ài xiǎoshuō （小説 / 恋愛小説） 	杂志 / 科学杂志 zázhì / kēxué zázhì （雑誌 / 科学雑誌） 	词典 / 汉日词典 cídiǎn / Hàn-Rì cídiǎn （辞典 / 中日辞典） 

③ 问：那 是 谁 的 包？
　　Nà shì shéi de bāo?

答：那 是 <u>我</u> 的。
　　Nà shì wǒ de.

我同学 wǒ tóngxué （私の同級生） 	老师 lǎoshī （先生） 	我爸爸 wǒ bàba （私の父） 

课文 kèwén   遊びに来た張さんがたくさんの本を見て質問します。

张美华： 这 是 谁 的 书？
Zhè shì shéi de shū?

林 翔： 这 是 我 姐姐 的。
Zhè shì wǒ jiějie de.

张美华： 这 是 什么 书？
Zhè shì shénme shū?

林 翔： 这 是 汉语 课本。
Zhè shì Hànyǔ kèběn.

张美华： 那些 书 也 是
Nàxiē shū yě shì

她 的 吗？
tā de ma?

林 翔： 不 是，
Bú shì,

那些 都 是 我 的。
nàxiē dōu shì wǒ de.

生词 shēngcí

语法

- [ ] 什么　なに
  shénme
- [ ] 钱包　さいふ
  qiánbāo
- [ ] 手机　携帯電話
  shǒujī
- [ ] 课本　教科書
  kèběn
- [ ] 汉语　中国語
  Hànyǔ
- [ ] 也　も
  yě
- [ ] 都　みな
  dōu
- [ ] 书　本
  shū
- [ ] 姐姐　姉
  jiějie

替换

- [ ] 词典　辞書
  cídiǎn
- [ ] 漫画　漫画
  mànhuà
- [ ] 小说　小説
  xiǎoshuō
- [ ] 恋爱　恋愛
  liàn'ài
- [ ] 杂志　雑誌
  zázhì
- [ ] 科学　科学
  kēxué
- [ ] 汉日词典　中日辞典
  Hàn-Rì cídiǎn
- [ ] 包　かばん
  bāo

语法练习 yǔfǎliànxí

1 次のピンインを漢字にして、意味を書きましょう。

⑴ Zhè shì shénme shū？

⑵ Zhè shì Hànyǔ kèběn ma？

2 日本語に合うよう並び替えましょう。

⑴ あれは誰のカバンですか。(谁 / 那 / 的 / 包 / 是 / ？)
　　　　　　　　　　　　 shéi　nà　de　bāo　shì

⑵ あれは私の同級生のカバンです。(包 / 是 / 我 / 的 / 那 / 同学 / 。)
　　　　　　　　　　　　　　 bāo　shì　wǒ　de　nà　tóngxué

⑶ あの携帯電話もあなたのですか。
(手机 / 个 / 那 / 是 / 吗 / 也 / 的 / 你 / ？)
shǒujī　ge　nà　shì　ma　yě　de　nǐ

3 目の前にあるモノについて説明しましょう。

（例）これは私の本です。それはあなたの本です。それらは私の本ではなく、それらはみんな高橋さんのです。

　这 是 我 的 书。那 是 你 的 书。那些 不 是 我 的 书，那些 都 是 高桥 的。
Zhè shì wǒ de shū.　Nà shì nǐ de shū.　Nàxiē bú shì wǒ de shū,　nàxiē dōu shì Gāoqiáo de.

決まり文句

你 是 哪 国 人？
Nǐ shì nǎ guó rén？
（あなたはどこの国の人ですか。）

你 是 哪里 人？
Nǐ shì nǎli rén？
（あなたはどこの出身ですか？）

DL 74　CD1-74

漢字ドリル

書き順を確認して簡体字をマスターしましょう。

汉 (漢) hàn	汉	汉	汉语 Hànyǔ 中国語	钱 (錢) qián	钱	钱	多少钱 duōshao qián いくら
书 (書) shū	书	书	书店 shūdiàn 書店	杂 (雑) zá	杂	杂	杂志 zázhì 雑誌

我们去麦当劳吧。 マクドナルドに行きましょう。

ねらい 簡単な動作が言える。

语法 yǔfǎ 文 法 説 明

DL 75~77
CD1-75~77

1 動詞述語文

主語＋動詞＋目的語「～は…する」

我 吃 饭。（私はご飯を食べます。）
Wǒ chī fàn.

我 不 喝 茶。（私はお茶を飲みません。）
Wǒ bù hē chá.

你 去 学校 吗？（あなたは学校に行きますか。）
Nǐ qù xuéxiào ma?

你 买 什么？（あなたは何を買いますか。）
Nǐ mǎi shénme?

2 文末助詞 "吧 ba / 呢 ne"

"吧 ba" は「提案・推測・軽い命令」を表します。

（提案）～しよう 　　我们 吃 午饭 吧。（私たち昼ご飯を食べましょう。）
　　　　　　　　　　Wǒmen chī wǔfàn ba.

（推測）～でしょう 　你 是 日本人 吧？（あなたは日本人でしょう。）
　　　　　　　　　　Nǐ shì Rìběnrén ba?

（命令）～してください 你 去 吧。（あなたが行ってください。）
　　　　　　　　　　Nǐ qù ba.

"呢 ne" は先に自分や他の人がどうするのかを言い、それについて聞くときに使います。

我 喝 咖啡，你 呢？（私はコーヒーを飲みますが、あなたは。）
Wǒ hē kāfēi, nǐ ne?

◆前にどうするかがなく、名詞の後についた場合は、「どこですか」という意味になります。

高桥 呢？ （高橋さんは（どこですか）。）
Gāoqiáo ne?

我 的 手机 呢？ （私の携帯電話は（どこですか）。）
Wǒ de shǒujī ne?

3 時間 「いつ・どこで・する・なにを」の語順の確認

主語＋時点（時間を表す言葉）＋動詞＋目的語

我 明天 去 中国。 （私は明日中国に行きます。）
Wǒ míngtiān qù Zhōngguó.

我 星期四 打工。 （私は木曜日にアルバイトをします。）
Wǒ xīngqīsì dǎgōng.

你 什么 时候 来 日本？ （あなたはいつ日本に来ますか。）
Nǐ shénme shíhou lái Rìběn?

中国語では、時間のワンポイントを表す言葉を「時点」と言います。

替换练习 tìhuànliànxí　　DL 78~80　CD1-78~80

① 问：你 喝 什么？　　　　　　　　　　答：我 喝 茶。
　　　Nǐ hē shénme?　　　　　　　　　　　Wǒ hē chá.

看 / 书	吃 / 蛋糕	听 / 音乐
kàn / shū	chī / dàngāo	tīng / yīnyuè
（見る / 本）	（食べる / ケーキ）	（聴く / 音楽）

② 问：你 去 哪儿？　　　　　　　　　　答：我 去 便利店。
　　　Nǐ qù nǎr?　　　　　　　　　　　　 Wǒ qù biànlìdiàn.

邮局	银行	超市
yóujú	yínháng	chāoshì
（郵便局）	（銀行）	（スーパー）
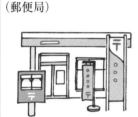		

③ 问：你 什么 时候 去 中国？　　　答：我 明天 去。
　　　Nǐ shénme shíhou qù Zhōngguó?　　Wǒ míngtiān qù.

星期天	下个星期	今年 8 月	暑假	寒假
xīngqītiān	xià ge xīngqī	jīnnián bā yuè	shǔjià	hánjià
（日曜日）	（来週）	（今年の 8 月）	（夏休み）	（冬休み）

8 2021

星期天	星期一	星期二	星期三	星期四	星期五	星期六
1	2	3	4	5	6	7
8	9	今天 10	明天 11	12	13	14
15	16	17	18	19	20	21
22	23	24	25	26	27	28
29	30	31				

下个星期

31

DL 82 / CD1-82

课文 kèwén 小腹が空いた張さんはマクドナルドに行こうと提案します。

张美华: 我们 去 麦当劳 吧。
Wǒmen qù Màidāngláo ba.

林 翔: 你 吃 什么？
Nǐ chī shénme?

张美华: 我 吃 汉堡包，你 呢？
Wǒ chī hànbǎobāo, nǐ ne?

林 翔: 我 吃 薯条。
Wǒ chī shǔtiáo.

张美华: 什么 时候 去？
Shénme shíhou qù?

林 翔: 我们 现在 去 吧。
Wǒmen xiànzài qù ba.

生词 shēngcí

语法

DL 81 / CD1-81

吃 chī	食べる
饭 fàn	ご飯
喝 hē	飲む
茶 chá	茶
去 qù	行く
买 mǎi	買う
午饭 wǔfàn	昼食
吧 ba	（文末に置いて推測・提案・軽い命令などの語気を表す）
呢 ne	〜は？
咖啡 kāfēi	コーヒー

替换

打工 dǎgōng	アルバイトする
什么时候 shénme shíhou	いつ
来 lái	来る
看 kàn	見る・読む
蛋糕 dàngāo	ケーキ
听 tīng	聴く
音乐 yīnyuè	音楽
便利店 biànlìdiàn	コンビニ
邮局 yóujú	郵便局
银行 yínháng	銀行

课文

超市 chāoshì	スーパー
暑假 shǔjià	夏休み
寒假 hánjià	冬休み
麦当劳 Màidāngláo	マクドナルド
汉堡包 hànbǎobāo	ハンバーガー
薯条 shǔtiáo	フライドポテト
现在 xiànzài	今、現在

练习

图书馆 túshūguǎn	図書館
电影 diànyǐng	映画
迪士尼乐园 Díshìní lèyuán	ディズニーランド

语法练习 yǔfǎliànxí

1 次のピンインを漢字にして、意味を書きましょう。

(1) Wǒ hē kāfēi, nǐ ne？

(2) Nǐ shénme shíhou qù Zhōngguó？

2 日本語に合うよう並び替えましょう。

(1) 彼は明日バイトです。（ 打工 / 明天 / 他 / 。）
dǎgōng míngtiān tā

(2) 私は図書館に行きます。（ 我 / 图书馆 / 去 / 。）
wǒ túshūguǎn qù

(3) あなたは何の映画を見ますか？（ 什么 / 你 / 电影 / 看 / ？）
shénme nǐ diànyǐng kàn

3 予定を中国語で言ってみましょう。

（例）今日は学校に行き、明日はバイトをし、日曜日はディズニーランドに行きます。

我 今天 去 学校，明天 打工，星期天 去 迪士尼乐园。
Wǒ jīntiān qù xuéxiào, míngtiān dǎgōng, xīngqītiān qù Díshìní lèyuán.

※迪士尼乐园 Díshìní lèyuán ディズニーランド

決まり文句

请 进！（どうぞお入りください。）
Qǐng jìn!

请 坐！（どうぞお座りください。）
Qǐng zuò!

DL 83 CD1-83

漢字ドリル

書き順を確認して簡体字をマスターしましょう。

买 mǎi（買）	买	买	买东西 mǎi dōngxi 買い物	喝 hē（喝）	喝	喝	喝咖啡 hē kāfēi コーヒーを飲む
吃 chī（吃）	吃	吃	吃饭 chī fàn 食事をする	乐 yuè（楽）	乐	乐	听音乐 tīng yīnyuè 音楽を聴く

明天天气不太好。 明日の天気はあまり良くない。

ねらい モノの状態を言える。

语法 yǔfǎ 文 法 説 明

DL 84~86
CD2-01~03

1 形容詞述語文

主語 +"很"+ 形容詞	今天 很 热。	（今日は（とても）暑いです。）
	Jīntiān hěn rè.	

主語 +"不"+ 形容詞	昨天 不 冷。	（昨日は寒くなかったです。）
	Zuótiān bù lěng.	

主語 + 形容詞 +"吗"	明天 暖和 吗？	（明日は暖かいですか。）
	Míngtiān nuǎnhuo ma?	

◆形容詞の前には"很 hěn"をつけます。"很"を強く読むと「とても」、"很"をつけないと比較のニュアンスになります。

昨天 凉快，今天 热。（昨日は涼しかったけれど、今日は暑いです。）
Zuótiān liángkuai, jīntiān rè.

◆疑問詞"怎么样 zěnmeyàng"「はどうですか」と尋ねる文になります。

天气 怎么样？　　　　　　　　　　　　天气 不太 好。
Tiānqì zěnmeyàng　　　　　　　　　　　Tiānqì bú tài hǎo.

（天気はどうですか。）　　　　　　　　　（天気はあまり良くありません。）

2 程度副詞

"真 zhēn"（本当に）、"不太 bú tài"（あまり～でない）、"非常 fēicháng"（非常に）、"最 zuì"（最も）のような程度を表す副詞は形容詞の前に置きます。

今天 真 热！（今日は本当に暑いです。）
Jīntiān zhēn rè!

3 主述述語文

「彼は背が高い。」のように、述語の部分にもうひとつ小さな主語と述語が入っている文です。

他 个子 很 高。　　　　　　　（彼は背が高いです。）
Tā gèzi hěn gāo.

今天 天气 不 太 好。　　　（今日は天気があまり良くありません。）
Jīntiān tiānqì bú tài hǎo.

汉语 语法 怎么样？（中国語は文法はどうですか。）　　语法 很 容易。（文法は簡単です。）
Hànyǔ yǔfǎ zěnmeyàng?　　　　　　　　　　　　　　Yǔfǎ hěn róngyì.

替换练习 tìhuànliànxí 　DL 87~89　CD2-04~06

① 问：你们 高中 学生 多 吗？ 答：很 多。
　　Nǐmen gāozhōng xuésheng duō ma ? 　　 Hěn duō.

不多
bù duō
（多くない。）

不太多
bú tài duō
（あまり多くない。）

非常多
fēicháng duō
（非常に多い。）

② 问： 明天 天气 怎么样？ 答： 明天 很 热。
　　Míngtiān tiānqì zěnmeyàng ? 　　 Míngtiān hěn rè.

冷
lěng
（寒い）

凉快
liángkuai
（涼しい）

暖和
nuǎnhuo
（暖かい）

③ 问：这个 餐厅 味道 好 吗？ 答： 非常 好。
　　Zhège cāntīng wèidao hǎo ma ? 　　 Fēicháng hǎo.

不太好
bú tài hǎo
（あまりよくない）

不好
bù hǎo
（よくない）

还可以
hái kěyǐ
（まあまあ）

第4课

课文 kèwén 張さんと林さんが明日の天気について話しています。

CD2-08

张美华： 今天 天气 真 好。
Jīntiān tiānqì zhēn hǎo.

林 翔： 是 啊，今天 很 凉快。
Shì a, jīntiān hěn liángkuai.

张美华： 明天 天气 怎么样？
Míngtiān tiānqì zěnmeyàng?

林 翔： 明天 天气 不 太 好。
Míngtiān tiānqì bú tài hǎo.

张美华： 明天 热 吗？
Míngtiān rè ma?

林 翔： 明天 很 热。
Míngtiān hěn rè.

生词 shēngcí

很 hěn	とても	不太 bú tài	あまり〜ない	味道 wèidao	味
热 rè	暑い	最 zuì	最も	还可以 hái kěyǐ	まあまあ
冷 lěng	寒い	个子 gèzi	背	矮 ǎi	(背が)低い
暖和 nuǎnhuo	あたたかい	高 gāo	高い	昨天 zuótiān	昨日
凉快 liángkuai	すずしい	天气 tiānqì	天気	发音 fāyīn	発音
语法 yǔfǎ	文法	啊 a	(文末に置いて肯定などの語気を表す)	难 nán	難しい
怎么样 zěnmeyàng	どうですか？			菜 cài	料理
容易 róngyì	簡単である	高中 gāozhōng	高校	辣 là	からい
真 zhēn	本当に	非常 fēicháng	非常に	有点儿 yǒudiǎnr	少し
好 hǎo	良い	多 duō	多い		
		餐厅 cāntīng	レストラン		

語法

DL 90
CD2-07

替换

练习

DL 91

语法练习 yǔfǎliànxí

1 次のピンインを漢字にして、意味を書きましょう。

(1) Míngtiān tiānqì bú tài hǎo.

....

(2) Zhège kāfēi wèidao fēicháng hǎo.

....

2 日本語に合うよう並び替えましょう。

(1) 私は背が低い。(很 / 我 / 矮 / 个子 / 。)
　　　　　　　　　hěn　wǒ　ǎi　gèzi

....

(2) 昨日は寒くなかった。(昨天 / 冷 / 不 / 。)
　　　　　　　　　　　　zuótiān　lěng　bù

....

(3) 中国語は発音が難しいですか。(发音 / 吗 / 难 / 汉语 / ?)
　　　　　　　　　　　　　　　　fāyīn　ma　nán　Hànyǔ

....

3 料理の味について、比べてみましょう。

(例) この料理は味が良いです。あの料理は味があまりよくありません。あの料理は少し辛
　　いです。

　　这个 菜 味道 很 好。那个 菜 味道 不 太 好。那个 菜 有点儿 辣。
　　Zhège cài wèidao hěn hǎo.　Nàge cài wèidao bú tài hǎo.　Nàge cài yǒudiǎnr là.

　　　　　　　　　　　　　　　　　　　　　　　　　　　※有点儿 yǒudiǎnr 少し

....

....

決まり文句

好 吃!((食べて) おいしい!)　　　　好 喝!((飲んで) おいしい!)　　　
Hǎo chī!　　　　　　　　　　　　Hǎo hē!　　　　　　　　　　　　DL 92　CD2-09

漢字ドリル
書き順を確認して簡体字をマスターしましょう。

| 热 (熱) rè | 热 | 热 | 热闹 rènao にぎやかである | 难 (難) nán | 难 | 难 | 很难 hěn nán 難しい |
| 真 (真) zhēn | 真 | 真 | 认真 rènzhēn まじめである | 兴 (興) xìng | 兴 | 兴 | 兴趣 xìngqù 興味 |

我今年十八岁。 私は今年 18 歳です。

DL 93~95
CD2-10~12

语法 yǔfǎ　文 法 説 明

1　数量の言い方 / 量詞 ①

数詞 ＋ 量詞 ＋ 人

一 个 人 (1人)　　　两 个 人 (2人)　　三 个 人 (3人)
yí ge rén　　　liǎng ge rén　　sān ge rén

你 家 有 几 口 人？　　　　　— 我 家 有 五 口 人。
Nǐ jiā yǒu jǐ kǒu rén?　　　　　Wǒ jiā yǒu wǔ kǒu rén.
（あなたは何人家族ですか。）　　　　（私は 5 人家族です。）

你们 几 位？（何名様ですか。）　　　— 我们 两 个 人。(2名です。)
Nǐmen jǐ wèi?　　　　　　　　Wǒmen liǎng ge rén.

你们 班 有 多少 人？　　　　　— 我们 班 有 三十 个 人。
Nǐmen bān yǒu duōshao rén?　　　Wǒmen bān yǒu sānshí ge rén.
（あなた（たち）のクラスは何人ですか。）　　（私（たち）のクラスは 30 人です。）

2　所有を表す "有 yǒu"

人 ＋ "有" ＋ 人 / モノ 「持っている・がいる」

◆否定文は "有 yǒu" の前に "没 méi" を置きます。

我 有 两 个 弟弟。 （私には 2 人の弟がいます。）
Wǒ yǒu liǎng ge dìdi.

我 没有 护照。 （私はパスポートを持っていません。）
Wǒ méiyǒu hùzhào.

場所 ＋ "有" ＋ 人 / モノ 「がある・いる」

我们 班 有 三 个 中国 留学生。（私(たち)のクラスは 3 人の中国人留学生がいます。）
Wǒmen bān yǒu sān ge Zhōngguó liúxuéshēng.

3　名詞述語文

◆年齢・日付・曜日・金額など数字が述語になる文です。

你 弟弟 几 岁？（あなたの弟は何歳ですか。）　— 他 九 岁。（彼は 9 歳です。）
Nǐ dìdi jǐ suì?　　　　　　　　Tā jiǔ suì.

你 哥哥 今年 多 大？　　　　　— 他 今年 三十 (岁)。
Nǐ gēge jīnnián duō dà?　　　　　Tā jīnnián sānshí (suì).
（あなたのお兄さんは今年何歳ですか。）　　（彼は今年 30 歳です。）

这个 多少 钱？（これはいくらですか。）　　— 这个 三十八 块。（これは 38 元です。）
Zhège duōshao qián?　　　　　　Zhège sānshíbā kuài.

替换练习 tìhuànliànxí　DL 96~98　CD2-13~15

① 问：你 有 课本 吗？
　　　Nǐ yǒu kèběn ma?
　　　　　　　　　　　　　　答：有 / 没有。
　　　　　　　　　　　　　　　　　Yǒu / Méiyǒu.

笔 bǐ （ペン）	手机 shǒujī （携帯電話）	电脑 diànnǎo （パソコン）

② 问：你 有 兄弟 姐妹 吗？
　　　Nǐ yǒu xiōngdì jiěmèi ma?
　　　　　　　　　　　　答：我 有 一个 哥哥。
　　　　　　　　　　　　　　Wǒ yǒu yí ge gēge.

　　　　　　　　　　　　　我 没有 兄弟 姐妹。
　　　　　　　　　　　　　Wǒ méiyǒu xiōngdì jiěmèi.

一个 / 姐姐 yí ge / jiějie （1人、姉）	两个 / 弟弟 liǎng ge / dìdi （2人、弟）	三个 / 妹妹 sān ge / mèimei （3人、妹）

③ 问：你 今年 多 大？
　　　Nǐ jīnnián duō dà?
　　　　　　　　　　　　答：我 今年 十八。
　　　　　　　　　　　　　　Wǒ jīnnián shíbā.

十九 shíjiǔ （19岁）	二十 èrshí （20岁）	二十一 èrshiyī （21岁）
		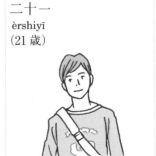

课文 kèwén 張さんは林さんに年齢や学年、クラスの人数について話しています。

DL 100

CD2-17

张美华: 你 今年 多 大?
Nǐ jīnnián duō dà?

林 翔: 我 今年 十八 岁。
Wǒ jīnnián shíbā suì.

张美华: 你 大学 几 年级?
Nǐ dàxué jǐ niánjí?

林 翔: 我 今年 大学 一 年级。
Wǒ jīnnián dàxué yī niánjí.

张美华: 你们 班 有 多少 人?
Nǐmen bān yǒu duōshao rén?

林 翔: 我们 班 有 十 个 人。
Wǒmen bān yǒu shí ge rén.

生词 shēngcí

DL 99

CD2-16

语法

个 ge	（広く人やものを数える）〜個、人	岁 suì	〜歳
人 rén	人	哥哥 gēge	兄
家 jiā	家	多大 duō dà	（年齢を尋ねる）いくつ
几 jǐ	（10以下の数、序数を尋ねる）いくつ	多少钱 duōshao qián	いくら
口 kǒu	（家族の人数を数える）〜人	钱 qián	金
位 wèi	（敬意を持って人を数える）〜名	块 kuài	（通貨単位）〜元
有 yǒu	ある、いる、持っている	笔 bǐ	ペン
班 bān	クラス	电脑 diànnǎo	パソコン
没有 méiyǒu	持っていない、ない	兄弟姐妹 xiōngdì jiěmèi	兄弟、姉妹
弟弟 dìdi	弟	大学 dàxué	大学
护照 hùzhào	パスポート	年级 niánjí	学年、〜年生
留学生 liúxuéshēng	留学生		

替换 is marked next to 笔 bǐ, **课文** is marked next to 大学 dàxué.

语法练习 yǔfǎliànxí

1 次のピンインを漢字にして、意味を書きましょう。

(1) Wǒ bàba jīnnián sìshíbā suì.

_____

(2) Wǒmen xuéxiào méiyǒu Hànyǔ lǎoshī.

_____

2 日本語に合うよう並び替えましょう。

(1) 私も今年 19 歳です。(岁 / 我 / 今年 / 十九 / 也 / 。)
　　　　　　　　　　　suì　wǒ　jīnnián　shíjiǔ　yě

_____

(2) あなたは中国語の教科書を持っていますか。(有 / 你 / 课本 / 吗 / 汉语 / ?)
　　　　　　　　　　　　　　　　　　　yǒu　nǐ　kèběn　ma　Hànyǔ

_____

(3) 私たちの学校には中国人の先生がいません。(中国 / 没有 / 老师 / 学校 / 我们 / 。)
　　　　　　　　　　　　　　　　　　　Zhōngguó méiyǒu　lǎoshī　xuéxiào wǒmen

_____

3 クラスについて紹介しましょう。

(例) 私のクラスは 33 人いて、3 人の中国人留学生がいます。彼らはみな私の友達です。私
　　　たちは今年 18 歳です。

　　我们 班 有 三十三 个 人，有 三 个 中国　留学生。
　　Wǒmen bān yǒu sānshisān ge rén，yǒu sān ge Zhōngguó liúxuéshēng.

　　他们 都 是 我 的 朋友。我们 今年 十八 岁。
　　Tāmen dōu shì wǒ de péngyou. Wǒmen jīnnián shíbā suì.

_____

_____

決まり文句

为什么?（どうしてですか。）　　　不 知道。（わかりません。）
Wèishénme?　　　　　　　　　　Bù　zhīdào.

DL 101 CD2-18

漢字ドリル
書き順を確認して簡体字をマスターしましょう。

岁 (歳) suì	岁	岁	十八岁 shíbā suì 18歳	园 (園) yuán	园	园	公园 gōngyuán 公園
电 (電) diàn	电	电	电视 diànshì テレビ	听 (聴) tīng	听	听	听力 tīnglì リスニング

食堂在图书馆对面。 食堂は図書館の向かいにあります。

ねらい 建物の場所を言える。

DL 102~104
CD2-19-21

语法 yǔfǎ 文 法 説 明

1 場所代名詞

近称（こ）		遠称（あ）		疑問（ど）	
这儿 zhèr	（ここ）	那儿 nàr	（あそこ）	哪儿 nǎr	（どこ）
这里 zhèli		那里 nàli		哪里 nǎli	

◆ "哪里" は「第2声＋軽声」で発音します。

2 方位詞

位置や方向を表す語を「方位詞」と言います。

上面 / 上边 （上） shàngmiàn/ shàngbian	左面 / 左边 （左） zuǒmiàn/ zuǒbian	前面 / 前边 （前） qiánmiàn/ qiánbian	里面 / 里边 （中） lǐmiàn/lǐbian	旁边 （そば） pángbiān	附近 （付近） fùjìn
下面 / 下边 （下） xiàmiàn/ xiàbian	右面 / 右边 （右） yòumiàn/ yòubian	后面 / 后边 （後ろ） hòumiàn/ hòubian	外面 / 外边 （外） wàimiàn/ wàibian	对面 （向かい） duìmiàn	

邮局**前面**（郵便局の前）　　　　　　车站**附近**（駅の近く）
yóujú qiánmiàn　　　　　　　　　　chēzhàn fùjìn

場所ではない名詞の後ろに "上 shang"（～上）"下 xia"（～下）"里 li"（中）をつけて場所化します。

冰箱**里**（冷蔵庫の中）　　　　　　桌子**上**（机の上）
bīngxiāng li　　　　　　　　　　　zhuōzi shang

3 所在を表す "在 zài"

主語 ＋ "在" ＋ 場所　　「～は…にいる／ある」

我 在 家。（私は家にいます。）
Wǒ zài jiā.

你 的 手机 在 桌子 上。（あなたの携帯電話は、机の上にあります。）
Nǐ de shǒujī zài zhuōzi shang.

小 王 不 在 教室 里。（王さんは、教室にいません。）
Xiǎo Wáng bú zài jiàoshì li.

替换练习 tìhuànliànxí DL 105~107 CD2-22~24

① 问：你 在 哪儿？　　　　　　答：我 在 上海。
　　Nǐ zài nǎr?　　　　　　　　Wǒ zài Shànghǎi.

北京	东京	纽约
Běijīng	Dōngjīng	Niǔyuē
（北京）	（東京）	（ニューヨーク）

② 问：你 的 手机 在 哪儿？　　答：我 的 手机 在 书包 里。
　　Nǐ de shǒujī zài nǎr?　　　Wǒ de shǒujī zài shūbāo li.

口袋里	桌子上	家里
kǒudài li	zhuōzi shang	jiā li
（ポケットの中）	（机の上）	（家の中）

③ 问：图书馆 在 哪儿？　　　　答：图书馆 在 车站 附近。
　　Túshūguǎn zài nǎr?　　　　　Túshūguǎn zài chēzhàn fùjìn.

后面	前面	旁边
hòumiàn	qiánmiàn	pángbiān
（後ろ）	（前）	（そば）

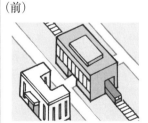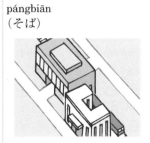

课文 kèwén　張さんが鈴木さんと李君がどこにいるか尋ねています。

张美华： 铃木 在 哪儿？
　　　　Língmù zài nǎr?

林 翔： 她 在 图书馆。
　　　　Tā zài túshūguǎn.

张美华： 李 明 呢？
　　　　Lǐ Míng ne?

林 翔： 他 在 食堂。
　　　　Tā zài shítáng.

张美华： 食堂 在 哪儿？
　　　　Shítáng zài nǎr?

林 翔： 食堂 在 图书馆 对面。
　　　　Shítáng zài túshūguǎn duìmiàn.

生词 shēngcí

语法	车站 chēzhàn	駅		北京 Běijīng	北京
	冰箱 bīngxiāng	冷蔵庫		口袋 kǒudài	ポケット
	桌子 zhuōzi	机		东京 Dōngjīng	東京
	在 zài	～ある、いる		纽约 Niǔyuē	ニューヨーク
	小 xiǎo	（1字姓の前につけて）～くん、さん	课文	食堂 shítáng	食堂
	教室 jiàoshì	教室	练习	妈妈 māma	母
替换	上海 Shànghǎi	上海		教学楼 jiàoxuélóu	（大学などの）講義棟、教室棟

语法练习 yǔfǎliànxí

1 次のピンインを漢字にして、意味を書きましょう。

(1) Chāoshì zài yóujú yòubian.

_____

(2) Jīntiān wǒ māma bú zài jiā.

_____

2 日本語に合うよう並び替えましょう。

(1) 大学は駅の近くにあります。(车站 / 在 / 附近 / 大学 / 。)
　　　　　　　　　　　　　　　 chēzhàn　zài　 fùjìn　 dàxué

_____

(2) 先生は教室にいません。(老师 / 教室 / 不在 / 里 / 。)
　　　　　　　　　　　　　 lǎoshī　jiàoshì　bú zài　li

_____

(3) あなたの携帯電話は机の上にあります。(桌子 / 你 / 手机 / 的 / 在 / 上 / 。)
　　　　　　　　　　　　　　　　　　　　zhuōzi　 nǐ　shǒujī　de　zài　shang

_____

3 誰がどこにいるか・建物がどこにあるかを紹介してみましょう。

(例) 鈴木さんは教室にいます。高橋さんは教室にいません、図書館にいます。図書館は教
　　　室棟の向かいにあります。

　　铃木 在 教室 里。高桥 不 在 教室 里，在 图书馆 里。
　　Língmù zài jiàoshì　li. Gāoqiáo bú　zài jiàoshì　li,　zài túshūguǎn　li.

　　　图书馆 在 教学楼 对面。
　　Túshūguǎn zài jiàoxuélóu duìmiàn.　　　　　　　※教学楼 jiàoxuélóu（大学などの）講義棟、教室棟

_____

_____

决まり文句

祝 你 一路 平安!　　　　　　祝 你 生日 快乐!
Zhù nǐ　yílù　píng'ān!　　　　Zhù nǐ　shēngrì kuàilè!
（安全な旅でありますように。）　（誕生日おめでとう。）

DL 110 CD2-27

漢字ドリル
書き順を確認して簡体字をマスターしましょう。

车 chē (車)	车	车	车站 chēzhàn 駅	飞 fēi (飛)	飞	飞	飞机 fēijī 飛行機
开 kāi (開)	开	开	开车 kāichē 運転する	门 mén (門)	门	门	门口 ménkǒu 入り口

第7课 我晚上十一点睡觉。 私は夜11時に寝ます。

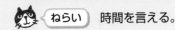

ねらい 時間を言える。

DL 111~113

CD2-28~30

语法 yǔfǎ 文法説明

1 時刻

早上 zǎoshang (朝)	上午 shàngwǔ (午前)	中午 zhōngwǔ (正午)	下午 xiàwǔ (午後)	晚上 wǎnshang (夜)

两点五十七分 liǎng diǎn wǔshiqī fēn
差三分三点 chà sān fēn sān diǎn

两点三十分 liǎng diǎn sānshí fēn
两点半 liǎng diǎn bàn

两点零七分
liǎng diǎn líng qī fēn
◆ 1ケタの場合は"零"をいれます。

两点十五分 liǎng diǎn shíwǔ fēn
两点一刻 liǎng diǎn yí kè
◆15分には2つ言い方があります。

现在 几 点？
Xiànzài jǐ diǎn?

现在 八 点 三十五 分。
Xiànzài bā diǎn sānshiwǔ fēn.

2 時刻の位置

主語 + 時点 + 動詞 + 目的語

你 每天 几 点 吃 饭？
Nǐ měitiān jǐ diǎn chī fàn?
(あなたは毎日何時にご飯を食べますか。)

我 每天 晚上 七 点 吃 晚饭。
Wǒ měitiān wǎnshang qī diǎn chī wǎnfàn.
(私は毎日夜7時に夕食を食べます。)

你 什么 时候 去 学校？ (あなたはいつ学校に行きますか。)
Nǐ shénme shíhou qù xuéxiào?

※ 日本語と同じく「年→月→日→曜日→時→分」の順番に並べます。

時間を強調したい場合、時間を主語の前に置くこともできます。

明天 晚上 我们 一起 看 电影 吧。 (明日の夜、私たち一緒に映画を見ましょう。)
Míngtiān wǎnshang wǒmen yìqǐ kàn diànyǐng ba.

3 "喜欢 xǐhuan"

主語 + "喜欢 xǐhuan" + 動詞 + 目的語 「～をするのが好きです」

我 喜欢 吃 中国 菜。 (私は中国料理を食べるが好きです。)
Wǒ xǐhuan chī Zhōngguó cài.

替换练习 tìhuànliànxí  DL 114~116 CD2-31~33

① 问：现在 几 点？
　　Xiànzài jǐ diǎn?

答：现在 两 点 半。
　　Xiànzài liǎng diǎn bàn.

九点零三分
jiǔ diǎn líng sān fēn
（9 時 3 分）

四点十分
sì diǎn shí fēn
（4 時 10 分）

十一点十八分
shíyī diǎn shíbā fēn
（11 時 18 分）

② 问：你 每天 几 点 回 家？
　　Nǐ měitiān jǐ diǎn huí jiā?

答：我 每天 晚上 八 点 回 家。
　　Wǒ měitiān wǎnshang bā diǎn huí jiā.

上午 9 点
shàngwǔ jiǔ diǎn
（午前 9 時）

上课
shàngkè
（授業を受ける）

中午 12 点
zhōngwǔ shí'èr diǎn
（正午 12 時）

吃午饭
chī wǔfàn
（昼食を食べる）

下午 6 点
xiàwǔ liù diǎn
（午後 6 時）

打工
dǎgōng
（アルバイトをする）

③ 问：你 喜欢 做 什么？
　　Nǐ xǐhuan zuò shénme?

答：我 喜欢 看 书。
　　Wǒ xǐhuan kàn shū.

玩儿游戏
wánr yóuxì
（ゲームで遊ぶ）

画画儿
huà huàr
（絵を描く）

唱歌
chàng gē
（歌を歌う）

DL 118
CD2-35

課文 kèwén　張さんが林さんに生活習慣について聞いています。

张美华： 你 每天 几 点 起床？
Nǐ měitiān jǐ diǎn qǐchuáng?

林 翔： 我 每天 六 点 半 起床。
Wǒ měitiān liù diǎn bàn qǐchuáng.

张美华： 你 几 点 睡觉？
Nǐ jǐ diǎn shuìjiào?

林 翔： 我 晚上 十一 点 睡觉。
Wǒ wǎnshang shíyī diǎn shuìjiào.

张美华： 你 晚上 喜欢 做 什么？
Nǐ wǎnshang xǐhuan zuò shénme?

林 翔： 我 喜欢 看 漫画。
Wǒ xǐhuan kàn mànhuà.

生词 shēngcí

语法

中文	日本語	中文	日本語	中文	日本語
早上 zǎoshang	朝	每天 měitiān	毎日	画 huà	描く
上午 shàngwǔ	午前	晚饭 wǎnfàn	夕食	画儿 huàr	絵
中午 zhōngwǔ	正午	一起 yìqǐ	一緒に	唱 chàng	歌う
下午 xiàwǔ	午後	喜欢 xǐhuan	好き	歌 gē	歌
晚上 wǎnshang	夜	中国菜 Zhōngguó cài	中国料理	起床 qǐchuáng	起きる
点 diǎn	～時	回家 huí jiā	家に帰る	睡觉 shuìjiào	寝る
分 fēn	～分	上课 shàngkè	授業を受ける、授業が始まる	早饭 zǎofàn	朝食
刻 kè	(時間の単位) 15分	做 zuò	する	下课 xiàkè	授業が終わる
半 bàn	(時間の単位) 半	玩儿 wánr	遊ぶ		
差 chà	足りない、差がある	游戏 yóuxì	ゲーム		

DL 117
CD2-34

替換

課文

练习

语法练习 yǔfǎliànxí

1 次のピンインを漢字にして、意味を書きましょう。

(1) Wǒ měi tiān xiàwǔ liù diǎn dǎgōng.

_____

(2) Wǒ xǐhuan wánr yóuxì.

_____

2 日本語に合うよう並び替えましょう。

(1) 今午後二時半です。(下午 / 现在 / 半 / 两点 / 。)
　　　　　　　　　　　 xiàwǔ　xiànzài　bàn liǎng diǎn

_____

(2) 私は毎日七時に朝食を食べます。(我 / 吃 / 七点 / 每天 / 早饭 / 。)
　　　　　　　　　　　　　　　　 wǒ　 chī　qī diǎn　měi tiān　zǎofàn

_____

(3) 兄は中国映画を見るのが好きです。(喜欢 / 我哥哥 / 看 / 中国电影 / 。)
　　　　　　　　　　　　　　　　　 xǐhuan　 wǒ gēge　　kàn Zhōngguó diànyǐng

_____

3 1日の行動を説明しましょう。

(例) 私は毎日朝7時に起きます。午前9時に授業が始まり、午後6時に終わります。夜8
　　時に家に帰ります。

　我　每天　早上　七点　起床。上午　九点　上课，下午　六点　下课。
　Wǒ měitiān zǎoshang　qī diǎn qǐchuáng. Shàngwǔ　jiǔ diǎn　shàngkè, xiàwǔ　liù diǎn　xiàkè.

　　晚上　八点　回家。
　Wǎnshang　bā diǎn huí jiā.　　　　　　　　　　※下课 xiàkè 授業が終わる

_____

DL 119 CD2-36

決まり文句

　请 等 一下。(ちょっと待ってください。)　　让 你 久 等 了。(お待たせしました。)
　Qǐng děng yíxià.　　　　　　　　　　　　 Ràng nǐ jiǔ děng le.

漢字ドリル

書き順を確認して簡体字をマスターしましょう。

| 饭 fàn (飯) | 饭 | 饭 | 饭店 fàndiàn ホテル | 晚 wǎn (晚) | 晚 | 晚 | 晚饭 wǎnfàn 夕食 |
| 写 xiě (写) | 写 | 写 | 写信 xiě xìn 手紙を書く | 远 yuǎn (遠) | 远 | 远 | 很远 hěn yuǎn 遠い |

第 **8** 课　　我想去买一本汉日词典。私は中日辞典を 1 冊買いに行きたい。

ねらい　やりたいことを言える。

语法 yǔfǎ　文法説明

DL 120~122
CD2-37~39

1　助動詞 "想 xiǎng" "会 huì"

| 主語＋"想"＋動詞（＋目的語） | 「～したい」

我　想　买　东西。
Wǒ xiǎng mǎi dōngxi.
（私は買い物をしたいです。）

我　不　想　去　医院。
Wǒ bù xiǎng qù yīyuàn.
（私は病院に行きたくないです。）

你　想　吃　蛋糕　吗？（あなたはケーキが食べたいですか。）
Nǐ xiǎng chī dàngāo ma?

| 主語＋"会"＋動詞（＋目的語） | 「[習得] ～できる」

我　会　说　汉语。
Wǒ huì shuō Hànyǔ.
（私は中国語を話すことができます。）

我　不　会　喝　酒。
Wǒ bú huì hē jiǔ.
（私はお酒を飲むことができません。）

你　会　开车　吗？（あなたは車を運転することができますか。）
Nǐ huì kāichē ma?

2　連動文

| 主語＋動詞①（＋目的語①）＋動詞②（＋目的語②） | （～して…する）

動詞が 2 つ以上ある場合、動作が行われる順番に並べます。

我　去　食堂　吃　饭。（食堂へ行って、ご飯を食べます。→食堂へご飯を食べに行きます。）
Wǒ qù shítáng chī fàn.

我　去　超市　买　东西。
Wǒ qù chāoshì mǎi dōngxi.
（私はスーパーへ買い物に行きます。）

你　坐　地铁　去　学校　吗？
Nǐ zuò dìtiě qù xuéxiào ma?
（あなたは地下鉄で学校に行きますか。）

3　量詞②

件 jiàn	衣類や事柄	衣服 yīfu（服） 事 shì（用事）	张 zhāng	平面が 目立つもの	桌子 zhuōzi（机） 照片 zhàopiàn（写真）
条 tiáo	細長いもの	裤子 kùzi（ズボン） 路 lù（道）	本 běn	冊子上のもの	书 shū（本） 杂志 zázhì（雑誌）
支 zhī	棒状のもの	铅笔 qiānbǐ（鉛筆） 圆珠笔 yuánzhūbǐ（ボールペン）	把 bǎ	取っ手の あるもの	伞 sǎn（傘） 椅子 yǐzi（イス）

◆ 2 つのときは、"两 liǎng" を使います。（例）两本书 liǎng běn shū（2 冊の本）

替换练习 tìhuànliànxí 　　DL 123~126　CD2-40-43

① 问：你想 <u>买</u> 什么？　　　　　答：我 想 <u>买</u> <u>电脑</u>。
　　Nǐ xiǎng mǎi shénme?　　　　　　Wǒ xiǎng mǎi diànnǎo.

看 / 中国电影 kàn / Zhōngguó diànyǐng （見る・中国映画）	喝 / 咖啡 hē / kāfēi （飲む・コーヒー）	吃 / 牛肉面 chī / niúròumiàn （食べる・牛肉麺）

② 问：你 会 <u>开车</u> 吗？　答：我 会。/ 我 不 会。　※ 不の声調変化に注意しましょう。
　　Nǐ huì kāichē ma?　　　Wǒ huì.　Wǒ bú huì.

说汉语 shuō Hànyǔ （中国語を話す）	做菜 zuò cài （料理をする）	喝酒 hē jiǔ （お酒を飲む）

③ 问：你 每天 坐 公交车 来 学校 吗？　答：对 / 不，我 <u>坐 电车</u> 来 学校。
　　Nǐ měitiān zuò gōngjiāochē lái xuéxiào ma?　　　Duì / Bù,　wǒ zuò diànchē lái xuéxiào.

坐地铁 zuò dìtiě （地下鉄に乗る）	骑自行车 qí zìxíngchē （自転車に乗る）	走路 zǒu lù （歩く）

④ 问：<u>这 本 书</u> 多少 钱？　　　　答：大约 <u>五十</u> 块。
　　Zhè běn shū duōshao qián?　　　　Dàyuē wǔshí kuài.

这条裙子 zhè tiáo qúnzi （このスカート）	这把伞 zhè bǎ sǎn （この傘）	这支铅笔 zhè zhī qiānbǐ （この鉛筆）
		3.-
一百八十块 yìbǎi bāshí kuài （180 元）	四十块 sìshí kuài （40 元）	三块 sān kuài （3 元）

🎧 DL 128

课文 kèwén　張さんは林君に辞書の価格を尋ねています。

💿 CD2-45

张美华： 明天　你　做　什么？
Míngtiān nǐ　zuò　shénme?

林　翔： 我　想　去　买　一　本　汉日　词典。
Wǒ xiǎng qù mǎi yì běn Hàn-Rì cídiǎn.

张美华： 你　会　说　汉语　吗？
Nǐ　huì shuō Hànyǔ ma?

林　翔： 会　一点儿。
Huì　yìdiǎnr

张美华： 一　本　词典　多少　钱？
Yì　běn cídiǎn duōshao qián?

林　翔： 大约　九十八　块。
Dàyuē jiǔshibā kuài.

生词 shēngcí

语法

🎧 DL 127

💿 CD2-44

想 xiǎng	したい	
医院 yīyuàn	病院	
会 huì	（練習や訓練して）できる	
说 shuō	話す	
酒 jiǔ	お酒	
开车 kāi chē	運転する	
东西 dōngxi	もの	
坐 zuò	乗る	
地铁 dìtiě	地下鉄	
条 tiáo	（細長いものを数える）～本	

裤子 kùzi	ズボン	
本 běn	（冊子上のものを数える）～冊	
支 zhī	（棒状のものを数える）～本	
铅笔 qiānbǐ	鉛筆	
把 bǎ	（取っ手のあるものを数える）～本	
伞 sǎn	傘	

替换

牛肉面 niúròumiàn	牛肉麺	
做菜 zuò cài	料理をする	
公交车 gōngjiāochē	バス	
电车 diànchē	電車	

骑 qí	（自転車やバイクに）乗る	
自行车 zìxíngchē	自転車	
大约 dàyuē	だいたい	
走路 zǒu lù	歩く	
裙子 qúnzi	スカート	

课文
练习

一点儿 yìdiǎnr	（形容詞の後に用い）少し	
公司 gōngsī	会社	
便当 biàndāng	弁当	
杯 bēi	（コップに入っているものを数える）～杯	

语法练习 yǔfǎliànxí

1　次のピンインを漢字にして、意味を書きましょう。

(1) Wǒ xiǎng mǎi yí jiàn yīfu.

_____

(2) Wǒ jiějie měitiān zuò diànchē qù gōngsī.

_____

2　日本語に合うよう並び替えましょう。

(1) 彼は英語を話すことができます。(英语 / 说 / 会 / 他 / 。)
　　　　　　　　　　　　　　　　Yīngyǔ　shuō　huì　　tā

_____

(2) あの傘はいくらですか。(伞 / 那 / 多少钱 / 把 / ？)
　　　　　　　　　　　　　sǎn　　nà　duōshao qián bǎ

_____

(3) 私は中国へ遊びに行きたいです。(中国 / 去 / 我 / 玩儿 / 想 / 。)
　　　　　　　　　　　　　　　　Zhōngguó　qù　　wǒ　　wánr　xiǎng

_____

3　放課後の予定について言ってみましょう。

(例) 放課後、コンビニに弁当やコーヒーを買いに行きたいです。

　　下课 后，我 想 去 便利店 买 一个 便当 和 一杯 咖啡。
　　Xiàkè hòu, wǒ xiǎng qù biànlìdiàn mǎi yí ge biàndāng hé yì bēi kāfēi.

　　　　　　　　※便当 biàndāng 弁当　杯 bēi（コップに入っているものを数える）～杯

_____

_____

DL 129 CD2-46

決まり文句

太 贵 了！(値段が高過ぎます。)　　能 便宜 一点儿 吗？(ちょっと安くしてくれませんか。)
Tài guì le!　　　　　　　　　　Néng piányi　yìdiǎnr ma?

漢字ドリル

書き順を確認して簡体字をマスターしましょう。

| 坐 zuò (座) | 坐 | 坐 | 坐公交车 zuò gōngjiāochē バスに乗る | 铁 tiě (鉄) | 铁 | 铁 | 地铁 dìtiě 地下鉄 |
| 骑 qí (騎) | 骑 | 骑 | 骑自行车 qí zìxíngchē 自転車に乗る | 伞 sǎn (傘) | 伞 | 伞 | 阳伞 yángsǎn 日傘 |

我在书店打工。 私は本屋でアルバイトをしています。

ねらい どこで何をしているかを言える。

DL 130,131
CD2-47,48

语法 yǔfǎ 文 法 説 明

1 介詞の "对 duì"（～に対して），"给 gěi"（～に）

| 主語 ＋ "对" ＋ 物／人 ＋ 動詞（＋目的語） | 「…に～する」 |

你 对 什么 感 兴趣？（あなたは何に興味がありますか。）
Nǐ duì shénme gǎn xìngqù?

我 对 音乐 感 兴趣。（私は音楽に興味があります。）
Wǒ duì yīnyuè gǎn xìngqù.

| 主語 ＋ "给" ＋ 人 ＋ 動詞（＋目的語） | 「…に～する」 |

我 给 你 打 电话。 （私はあなたに電話をかけます。）
Wǒ gěi nǐ dǎ diànhuà.

我 给 你 介绍 一下。（私はあなたに紹介します。）
Wǒ gěi nǐ jièshào yíxià.

2 介詞 "在 zài"（～で）・"跟 gēn"（～と）

| 主語 ＋ "在" ＋ 場所 ＋ 動詞（＋目的語） | 「…で～する」 |

你 在 哪儿 学习？ （あなたはどこで勉強しますか。）
Nǐ zài nǎr xuéxí?

我 在 食堂 吃 饭。 （私は食堂でご飯を食べます。）
Wǒ zài shítáng chī fàn.

我 不 在 图书馆 学习。 （私は図書館で勉強しません。）
Wǒ bú zài túshūguǎn xuéxí.

| 主語 ＋ "跟" ＋ 人 ＋ 動詞（＋目的語） | 「…と～する」 |

你 跟 谁 一起 去？ （あなたは誰と一緒に行きますか。）
Nǐ gēn shéi yìqǐ qù?

我 跟 朋友 一起 去 便利店。（私は友達と一緒にコンビニに行きます。）
Wǒ gēn péngyou yìqǐ qù biànlìdiàn.

替换练习 tìhuànliànxí DL 132~134　CD2-49~51

① 问：你 对 什么 感 兴趣？　　　　　答：我 对 <u>历史</u> 感 兴趣。
　　 Nǐ duì shénme gǎn xìngqù?　　　　 Wǒ duì lìshǐ gǎn xìngqù.

运动 yùndòng （スポーツ）	经济 jīngjì （経済）	动漫 dòngmàn （アニメや漫画）

② 问：你 给 <u>谁</u> 发 短信？　　　　答：我 <u>朋友</u>。
　　 Nǐ gěi shéi fā duǎnxìn?　　　　 Wǒ péngyou.

写信 xiě xìn （手紙を書く）	发邮件 fā yóujiàn （メールを送る）	打电话 dǎ diànhuà （電話をかける）

我爷爷 wǒ yéye （私のおじいさん）	张老师 Zhāng lǎoshī （張先生）	我同学 wǒ tóngxué （私の同級生）

③ 问：你 跟 <u>谁</u> 一起 去 <u>买东西</u>？　答：我 跟 <u>朋友</u> 一起 去。
　　 Nǐ gēn shéi yìqǐ qù mǎi dōngxi?　　 Wǒ gēn péngyou yìqǐ qù.

我爷爷 wǒ yéye （私のおじいさん）	我姐姐 wǒ jiějie （私の姉）	同学 tóngxué （同級生）

看电影 kàn diànyǐng （映画を見る）	吃饭 chī fàn （ご飯を食べる）	旅游 lǚyóu （旅行する）

课文 kèwén　張さんと林君はアルバイトについて話しています。

张美华： 你　打工　吗？
　　　　 Nǐ　dǎgōng　ma?

林　翔： 我　在　书店　打工。
　　　　 Wǒ　zài　shūdiàn　dǎgōng.

张美华： 我　也　想　去　书店　打工。
　　　　 Wǒ　yě　xiǎng　qù　shūdiàn　dǎgōng.

林　翔： 你　对　书店　的　工作　感　兴趣　吗？
　　　　 Nǐ　duì　shūdiàn　de　gōngzuò　gǎn　xìngqù　ma?

张美华： 对　啊，你　给　我　介绍　一下　吧。
　　　　 Duì　a,　nǐ　gěi　wǒ　jièshào　yíxià　ba.

林　翔： 好，明天　你　跟　我　一起　去　吧。
　　　　 Hǎo,　míngtiān　nǐ　gēn　wǒ　yìqǐ　qù　ba.

生词 shēngcí

语法

□ 对 duì	～に	□ 动漫 dòngmàn	アニメや漫画
□ 给 gěi	～に、～ために	□ 发 fā	送る
□ 感兴趣 gǎn xìngqù	興味がある	□ 短信 duǎnxìn	ショートメッセージ
□ 打电话 dǎ diànhuà	電話をかける	□ 写信 xiě xìn	手紙を書く
□ 介绍 jièshào	紹介する	□ 爷爷 yéye	（父方の）おじいさん
□ 一下 yíxià	（動詞＋ "一下" の形で）ちょっと～する	□ 邮件 yóujiàn	メール
□ 在 zài	～で	□ 旅游 lǚyóu	旅行する
□ 跟 gēn	～と	□ 书店 shūdiàn	書店
□ 学习 xuéxí	勉強する	□ 工作 gōngzuò	仕事
□ 历史 lìshǐ	歴史	□ 弹 tán	弾く
□ 运动 yùndòng	スポーツ	□ 吉他 jítā	ギター
□ 经济 jīngjì	経済	□ 练习 liànxí	練習する

替换　（历史 lìshǐ, 运动 yùndòng の行）

课文　（书店 shūdiàn, 工作 gōngzuò の行）

练习　（弹 tán, 吉他 jítā, 练习 liànxí の行）

语法练习 yǔfǎliànxí

1 次のピンインを漢字にして、意味を書きましょう。

(1) Wǒ gěi tóngxué fā yóujiàn.

_____

(2) Lǎoshī duì nǐ shuō shénme?

_____

2 日本語に合うよう並び替えましょう。

(1) あなたは何に興味がありますか。(兴趣 / 你 / 什么 / 感 / 对 / ？)
　　　　　　　　　　　　　　　　　　 xìngqù　　nǐ　shénme　gǎn　duì

_____

(2) 父は私にショートメッセージを送ります。(爸爸 / 给 / 短信 / 发 / 我 / 。)
　　　　　　　　　　　　　　　　　　　　　 bàba　　gěi　duǎnxìn　fā　wǒ

_____

(3) 私は妹と一緒にスーパーへ買い物に行きます。

(我 / 妹妹 / 跟 / 去 / 一起 / 买 / 超市 / 东西 / 。)
 wǒ　mèimei　gēn　qù　　yìqǐ　　mǎi　chāoshì　dōngxi

_____

3 趣味について話してみましょう。

(例) 私は音楽にとても興味があります。ギターを弾くことができます。毎日同級生と一緒
　　 にギターを練習しています。

我 对 音乐 很 感 兴趣。我 会 弹 吉他。　我 每天 和 同学 一起 练习 弹 吉他。
Wǒ duì yīnyuè hěn gǎn xìngqù.　Wǒ huì tán jítā.　　Wǒ měitiān hé tóngxué　yìqǐ　liànxí tán jítā.

※弹 tán 弾く　吉他 jítā ギター　练习 liànxí 練習する

_____

DL 137 CD2-54

決まり文句

听 不 懂。((聞いて) わかりません。)　　请 再 说 一遍。(もう一度言ってください。)
Tīngbudǒng.　　　　　　　　　　　　　 Qǐng zài shuō yí biàn.

漢字ドリル

書き順を確認して簡体字をマスターしましょう。

习 (習) xí	习	习	复习 fùxí 復習する	头 (頭) tóu	头	头	头疼 tóuténg 頭痛
时 (時) shí	时	时	时间 shíjiān 時間	穿 (穿) chuān	穿	穿	穿衣服 chuān yīfu 服を着る

寒假你去哪儿了？ 冬休みあなたはどこに行きましたか。

ねらい やったことを言える。

DL 138~140

CD2-55-57

语法 yǔfǎ 文 法 説 明

1 経験を表す "过 guo"

動詞＋"过"（＋目的語）（～したことがある）

"没（有）"＋動詞＋"过"（＋目的語）（～したことがない）

我 去过 上海。
Wǒ qùguo Shànghǎi.
（私は上海に行ったことがあります。）

我 没 吃过 四川 菜。
Wǒ méi chīguo Sìchuān cài.
（私は四川料理を食べたことがありません。）

你 去过 美国 吗？（あなたはアメリカに行ったことがありますか。）
Nǐ qùguo Měiguó ma?

動詞＋"过"＋回数（＋目的語）（～したことがある）

我 去过 两 次 北海道。（私は北海道に2回行ったことがあります。）
Wǒ qùguo liǎng cì Běihǎidào.

2 完了の "了 le"

動詞＋"了"（～した）

"没（有）"＋動詞（～しなかった・していない）

他 来 了。
Tā lái le.
（彼は来ました。）

他 没（有）来。
Tā méi(you) lái.
（彼は来なかったです。）

他 还 没（有）来。
Tā hái méi(you) lái.
（彼はまだ来ていません。）

我 买了 三 本 书。（私は3冊本を買いました。）
Wǒ mǎile sān běn shū.

◆目的語に修飾語が付かない場合は、目的語の後ろに"了"を置きます。

我 买 书 了。（私は本を買いました。）
Wǒ mǎi shū le.

3 時間量

▶時間を表す言葉は、時点と時量（時間の長さ）で分けて覚えましょう。

時点	两点 liǎng diǎn （2時）	二号 èr hào （2日）	二月 èr yuè （2月）
時量	两个小时 liǎng ge xiǎoshí （2時間）	两天 liǎng tiān （2日間）	两个月 liǎng ge yuè （2ヶ月間）

主語＋時点＋動詞＋時量（＋目的語）

我 每天 学 两 个 小时 汉语。（私は毎日2時間中国語を勉強します。）
Wǒ měitiān xué liǎng ge xiǎoshí Hànyǔ.

替换练习 tìhuànliànxí DL 141~143 CD2-58-60

第 10 课

① 问：你 去过 中国 吗？　　　答：我 没 去过。
　　Nǐ qùguo Zhōngguó ma?　　　Wǒ méi qùguo.

爬 / 长城
pá / Chángchéng
（登る・長城）

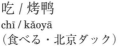

吃 / 烤鸭
chī / kǎoyā
（食べる・北京ダック）

见 / 明星
jiàn / míngxīng
（会う・スター）

② 问：他 上课 了 吗？　　　答：他 上课 了。/ 没有 上课。/ 还 没 上课。
　　Tā shàngkè le ma?　　　Tā shàngkè le.　Méiyou shàngkè.　Hái méi shàngkè.

吃饭
chī fàn
（ご飯を食べる）

写报告
xiě bàogào
（レポートを書く）

做作业
zuò zuòyè
（宿題をする）

③ 问：你 每天 打 几 个 小时 棒球？　　答：我 每天 打 两 个 小时。
　　Nǐ měitiān dǎ jǐ ge xiǎoshí bàngqiú?　　Wǒ měitiān dǎ liǎng ge xiǎoshí.

打 / 网球
dǎ / wǎngqiú
（～する・テニス）
六个小时
liù ge xiǎoshí
（6時間）

踢 / 足球
tī / zúqiú
（～する・サッカー）
一个半小时
yíge bàn xiǎoshí
（1時間半）

打 / 太极拳
dǎ / tàijíquán
（～する・太極拳）
三十分钟
sānshí fēnzhōng
（30分）

DL 145

CD2-62

课文 kèwén　張さんは林君に冬休みにどこに行ったか聞いています。

张美华： 寒假 你 去 哪儿 了?
　　　　Hánjià nǐ qù nǎr le?

林　翔： 我 去 中国 旅游 了。
　　　　Wǒ qù Zhōngguó lǚyóu le.

张美华： 你 在 中国 玩儿了 几 天?
　　　　Nǐ zài Zhōngguó wánrle jǐ tiān?

林　翔： 我 在 中国 玩儿了 五 天。
　　　　Wǒ zài Zhōngguó wánrle wǔ tiān.

张美华： 你 以前 去过 中国 吗?
　　　　Nǐ yǐqián qùguo Zhōngguó ma?

林　翔： 没 去过，这 是 第 一 次。
　　　　Méi qùguo, zhè shì dì yī cì.

生词 shēngcí

语法

☐ 过 guo	〜したことが ある	☐ 长城 Chángchéng	長城	☐ 太极拳 tàijíquán	太極拳
☐ 四川菜 Sìchuān cài	四川料理	☐ 烤鸭 kǎoyā	北京ダック	☐ 以前 yǐqián	以前
☐ 次 cì	〜回	☐ 见 jiàn	会う	☐ 第 dì	第
☐ 北海道 Běihǎidào	北海道	☐ 明星 míngxīng	スター	☐ 英国 Yīngguó	イギリス
☐ 了 le	〜した	☐ 报告 bàogào	レポート	☐ 打算 dǎsuàn	〜するつもり である
☐ 没 méi	〜しなかった していない	☐ 作业 zuòyè	宿題		
☐ 还 hái	まだ	☐ 棒球 bàngqiú	野球		
☐ 小时 xiǎoshí	〜時間	☐ 打 dǎ	(球技などのス ポーツを)する		
☐ 天 tiān	〜日間	☐ 网球 wǎngqiú	テニス		
☐ 学 xué	勉強する	☐ 踢 tī	(足で) 蹴る		
☐ 爬 pá	登る	☐ 足球 zúqiú	サッカー		

DL 144

CD2-61

课文

练习

替换

语法练习 yǔfǎliànxí

1 次のピンインを漢字にして、意味を書きましょう。

(1) Wǒ qùguo Shànghǎi sān cì.

_____

(2) Wǒ hēle liǎng bēi kāfēi.

_____

2 日本語に合うよう並び替えましょう。

(1) 私はまだ昼食を食べていません。(午饭 / 我 / 没 / 吃 / 还 / 。)
　　　　　　　　　　　　　　　　　　wǔfàn　wǒ　méi　chī　hái

_____

(2) 彼は北京に行ったことがありません。(没 / 他 / 北京 / 去过 / 。)
　　　　　　　　　　　　　　　　　　　méi　tā　Běijīng　qùguo

_____

(3) 山田くんは毎週中国語を1時間半勉強します。

　(山田 / 一个半小时 / 学 / 每个星期 / 汉语 / 。)
　 Shāntián yí ge bàn xiǎoshí xué měi ge xīngqī　Hànyǔ

_____

3 旅行・留学などの経験を言ってみましょう。

（例）私はイギリスに2回行ったことがあります。中国に行ったことがありません。冬休み
　　　に中国に1週間行くつもりです。　　　　　　　　　※打算 dǎsuàn 〜するつもりである

　我 去过 两 次 英国。我 没 去过 中国。我 打算 今年 寒假 去 中国 一个 星期。
　Wǒ qùguo liǎng cì Yīngguó. Wǒ méi qùguo Zhōngguó. Wǒ dǎsuàn jīnnián hánjià qù Zhōngguó yí ge xīngqī.

_____

決まり文句

麻烦 你 了。（ご迷惑をお掛けします。）　　辛苦 了。（お疲れ様でした。）
Máfan nǐ le.　　　　　　　　　　　　　　Xīnkǔ　le.

DL 146 CD2-63

漢字ドリル

書き順を確認して簡体字をマスターしましょう。

| 过 (過) guò | 过 | 过 | 过去 guòqù 過去 | 汤 (湯) tāng | 汤 | 汤 | 喝汤 hē tāng スープを飲む |
| 网 (網) wǎng | 网 | 网 | 上网 shàngwǎng インターネットをする | 滑 (滑) huá | 滑 | 滑 | 滑雪 huáxuě スキーをする |

索　引

M

ma	吗	～か	1
māma	妈妈	母	6
mǎi	买	買う	3
Màidāngláo	麦当劳	マクドナルド	3
mànhuà	漫画	漫画	2
méi	没	～しなかった ～していない	10
méiyǒu	没有	持っていない、ない	5
Měiguórén	美国人	アメリカ人	1
měitiān	每天	毎日	7
míngtiān	明天	明日	3
míngxīng	明星	スター	10

N

nǎ	哪	どれ	2
nà	那	あれ	2
nán	难	難しい	4
nǎge/něige	哪个	どれ	2
nǎli	哪里	どこ	6
nǎr	哪儿	どこ	3
nǎxiē/něixiē	哪些	どれら	2
nàge/nèige	那个	あれ	2
nàli	那里	あそこ	6
nàr	那儿	あそこ	6
nàxiē/nèixiē	那些	あれら	2
ne	呢	～は？	3
nǐ	你	あなた	1
nǐ hǎo	你好	こんにちは・はじめまして	1
nǐmen	你们	あなたたち	1
nín	您	あなた	1
niánjí	年级	学年、～年生	5
niúròumiàn	牛肉面	牛肉麺	8
Niǔyuē	纽约	ニューヨーク	6
nuǎnhuo	暖和	あたたかい	4

P

pá	爬	登る	10
pángbiān	旁边	そば	6
péngyou	朋友	友達	1

Q

qí	骑	(自転車やバイクに)乗る	8
qǐchuáng	起床	起きる	7
qiānbǐ	铅笔	鉛筆	8
qián	钱	金	5
qiánbāo	钱包	さいふ	2
qiánmiàn/qiánbian	前面/前边	前	6
qù	去	行く	3
qúnzi	裙子	スカート	8

R

rè	热	暑い	4
rén	人	人	5
Rìběnrén	日本人	日本人	1
róngyì	容易	簡単である	4

S

sǎn	伞	傘	8
shang	上	上	6
Shànghǎi	上海	上海	6
shàngkè	上课	授業を受ける、授業が始まる	7
shàngmiàn/shàngbian	上面/上边	上	6
shàngwǔ	上午	午前	7
shéi	谁	だれ	1
shénme	什么	なに	2
shénme shíhou	什么时候	いつ	3
shítáng	食堂	食堂	6
shì	是	～です	1
shì	事	用事	8
shǒujī	手机	携帯電話	2
shū	书	本	2
shūbāo	书包	かばん	6
shūdiàn	书店	書店	9
shǔjià	暑假	夏休み	3
shǔtiáo	薯条	フライドポテト	3
shuìjiào	睡觉	寝る	7
shuō	说	話す	8
Sìchuān cài	四川菜	四川料理	10
suì	岁	～歳	5

T

tā	他	彼	1
tā	她	彼女	1
tāmen	他们	彼ら	1

tāmen	她们	彼女ら	1
tàijíquán	太极拳	太極拳	10
tán	弹	弾く	9
tī	踢	(足で)蹴る	10
tiān	天	～日間	10
tiānqì	天气	天気	4
tiáo	条	(細長いものを数える)～本	8
tīng	听	聴く	3
tóngxué	同学	同級生	1
túshūguǎn	图书馆	図書館	3

W

wàimiàn/wàibian	外面/外边	外	6
wánr	玩儿	遊ぶ	7
wǎnfàn	晚饭	夕食	7
wǎnshang	晚上	夜	7
Wáng	王	王(中国人の姓)	6
wǎngqiú	网球	テニス	10
wèi	位	(敬意を持って人を数える)～名	5
wèidao	味道	味	4
wǒ	我	私	1
wǒmen	我们	私たち	1
wǔfàn	午饭	昼食	3

X

Xīnán Gāozhōng	西南高中	西南高校	1
xǐhuan	喜欢	好き	7
xia	下	下	6
xià ge xīngqī	下个星期	来週	3
xiàkè	下课	授業が終わる	7
xiàmiàn/xiàbian	下面/下边	下	6
xiàwǔ	下午	午後	7
xiànzài	现在	今、現在	3
xiǎng	想	したい	8
xiǎo	小	(1字姓の前につけて)～くん、さん	6
xiǎoshí	小时	～時間	10
xiǎoshuō	小说	小説	2
xiǎoxuéshēng	小学生	小学生	1
xiě xìn	写信	手紙を書く	9
xīngqīsì	星期四	木曜日	3

xīngqītiān	星期天	日曜日	3
xiōngdì jiěmèi	兄弟姐妹	兄弟、姉妹	5
xué	学	勉強する	10
xuéxí	学习	勉強する	9
xuésheng	学生	学生	1
xuéxiào	学校	学校	1

Y

yě	也	も	2
yéye	爷爷	(父方の)おじいさん	9
yīfu	衣服	服	8
yīyuàn	医院	病院	8
yíxià	一下	(動詞+"一下"の形で)ちょっと～する	9
yǐqián	以前	以前	10
yǐzi	椅子	イス	8
yìdiǎnr	一点儿	(形容詞の後に用い)少し	8
yìqǐ	一起	一緒に	7
yīnyuè	音乐	音楽	3
yínháng	银行	銀行	3
Yīngguó	英国	イギリス	10
yóujiàn	邮件	メール	9
yóujú	邮局	郵便局	3
yóuxì	游戏	ゲーム	7
yǒu	有	ある、いる、持っている	5
yǒudiǎnr	有点儿	少し	4
yòumiàn/yòubian	右面/右边	右	6
yǔfǎ	语法	文法	4
yuánzhūbǐ	圆珠笔	ボールペン	8
yuè	月	月	3
yùndòng	运动	スポーツ	9

Z

zázhì	杂志	雑誌	2
zài	在	～ある、いる	6
zài	在	～で	9
zánmen	咱们	私たち	1
zǎofàn	早饭	朝食	7
zǎoshang	早上	朝	7
zěnmeyàng	怎么样	どうですか？	4
zhāng	张	(平面が目立つものを数える)～枚	8
Zhāng Měihuá	张美华	張美華	1

zhàopiàn	照片	写真	8
zhè	这	これ	2
zhège/zhèige	这个	これ	2
zhèli	这里	ここ	6
zhèr	这儿	ここ	6
zhèxiē/zhèixiē	这些	これら	2
zhēn	真	本当に	4
zhī	支	(棒状のものを数える) 〜本	8
Zhōngguó cài	中国菜	中国料理	7
Zhōngguórén	中国人	中国人	1
zhōngwǔ	中午	正午	7
zhuōzi	桌子	机	6
zìxíngchē	自行车	自転車	8
zǒu lù	走路	歩く	8
zúqiú	足球	サッカー	10
zuì	最	最も	4
zuótiān	昨天	昨日	4
zuǒmiàn/ zuǒbian	左面/左边	左	6
zuò	做	する	7
zuò	坐	乗る	8
zuò cài	做菜	料理をする	8
zuòyè	作业	宿題	10

日本語	中国語	ピンイン	課
あ			
会う	见	jiàn	10
朝	早上	zǎoshang	7
味	味道	wèidao	4
明日	明天	míngtiān	3
あそこ	那里	nàli	6
あそこ	那儿	nàr	6
遊ぶ	玩儿	wánr	7
あたたかい	暖和	nuǎnhuo	4
暑い	热	rè	4
あなた	你	nǐ	1
あなた	您	nín	1
あなたたち	你们	nǐmen	1
兄	哥哥	gēge	5
アニメや漫画	动漫	dòngmàn	9
姉	姐姐	jiějie	2
あまり～ない	不太	bú tài	4
アメリカ人	美国人	Měiguórén	1
ある	有	yǒu	5
～ある	在	zài	6
歩く	走路	zǒu lù	8
アルバイトする	打工	dǎgōng	3
あれ	那	nà	2
あれ	那个	nàge/nèige	2
あれら	那些	nàxiě/nèixiě	2
い			
家	家	jiā	5
家に帰る	回家	huí jiā	7
イギリス	英国	Yīngguó	10
行く	去	qù	3
(年齢を尋ねる)いくつ	多大	duō dà	5
(10以下の数、序数を尋ねる)いくつ	几	jǐ	5
いくら	多少钱	duōshao qián	5
イス	椅子	yǐzi	8
以前	以前	yǐqián	10
いつ	什么时候	shénme shíhou	3
一緒に	一起	yìqǐ	7
今	现在	xiànzài	3
いる	有	yǒu	5
～いる	在	zài	6
う			
上	上	shang	6
上	上面/上边	shàngmiàn/shàngbian	6
後ろ	后面/后边	hòumiàn/hòubian	6
歌	歌	gē	7
歌う	唱	chàng	7
運転する	开车	kāi chē	8
え			
絵	画儿	huàr	7
映画	电影	diànyǐng	3
描く	画	huà	7
駅	车站	chēzhàn	6
鉛筆	铅笔	qiānbǐ	8
お			
王(中国人の姓)	王	Wáng	6
多い	多	duō	4
起きる	起床	qǐchuáng	7
送る	发	fā	9
お酒	酒	jiǔ	8
(父方の)おじいさん	爷爷	yéye	9
弟	弟弟	dìdi	5
音楽	音乐	yīnyuè	3
か			
会社	公司	gōngsī	8
買う	买	mǎi	3
科学	科学	kēxué	2
学生	学生	xuésheng	1
学年	年级	niánjí	5
傘	伞	sǎn	8
月	月	yuè	3
学校	学校	xuéxiào	1
金	钱	qián	5
彼女	她	tā	1
彼女ら	她们	tāmen	1
かばん	包	bāo	2
かばん	书包	shūbāo	6
からい	辣	là	4
彼	他	tā	1
彼ら	他们	tāmen	1
韓国人	韩国人	Hánguórén	1
簡単である	容易	róngyì	4

き

聴く	听	tīng	3
ギター	吉他	jítā	9
昨日	昨天	zuótiān	4
牛肉麺	牛肉面	niúròumiàn	8
今日	今天	jīntiān	3
教科書	课本	kèběn	2
教室	教室	jiàoshì	6
教室棟	教学楼	jiàoxuélóu	6
兄弟	兄弟姐妹	xiōngdì jiěmèi	5
興味がある	感兴趣	gǎn xìngqù	9
銀行	银行	yínháng	3

く

クラス	班	bān	5
来る	来	lái	3
(1字姓の前につけて) ～くん	小	xiǎo	6

け

経済	经济	jīngjì	9
携帯電話	手机	shǒujī	2
ケーキ	蛋糕	dàngāo	3
ゲーム	游戏	yóuxì	7
(足で) 蹴る	踢	tī	10
現在	现在	xiànzài	3

こ

講義棟	教学楼	jiàoxuélóu	6
高校	高中	gāozhōng	4
高校生	高中生	gāozhōngshēng	1
コーヒー	咖啡	kāfēi	3
ここ	这里	zhèli	6
ここ	这儿	zhèr	6
午後	下午	xiàwǔ	7
午前	上午	shàngwǔ	7
今年	今年	jīnnián	3
ご飯	饭	fàn	3
これ	这	zhè	2
これ	这个	zhège/zhèige	2
これら	这些	zhèxiē/zhèixiē	2
こんにちは	你好	nǐ hǎo	1
コンビニ	便利店	biànlìdiàn	3

さ

～歳	岁	suì	5
さいふ	钱包	qiánbāo	2
差がある	差	chà	7
サッカー	足球	zúqiú	10
雑誌	杂志	zázhì	2
寒い	冷	lěng	4
(1字姓の前につけて) さん	小	xiǎo	6

し

～時	点	diǎn	7
～時間	小时	xiǎoshí	10
仕事	工作	gōngzuò	9
辞書	词典	cídiǎn	2
四川料理	四川菜	Sìchuān cài	10
～した	了	le	10
下	下	xia	6
下	下面/下边	xiàmiàn/xiàbian	6
したい	想	xiǎng	8
～したことがある	过	guo	10
～していない	没	méi	10
自転車	自行车	zìxíngchē	8
～しなかった	没	méi	10
姉妹	兄弟姐妹	xiōngdì jiěmèi	5
写真	照片	zhàopiàn	8
上海	上海	Shànghǎi	6
授業が終わる	下课	xiàkè	7
授業を受ける	上课	shàngkè	7
授業が始まる	上课	shàngkè	7
宿題	作业	zuòyè	10
紹介する	介绍	jièshào	9
小学生	小学生	xiǎoxuéshēng	1
正午	中午	zhōngwǔ	7
小説	小说	xiǎoshuō	2
ショートメッセージ	短信	duǎnxìn	9
食堂	食堂	shítáng	6
書店	书店	shūdiàn	9

す

スーパー	超市	chāoshì	3
スカート	裙子	qúnzi	8
好き	喜欢	xǐhuan	7
(形容詞の後に用い) 少し	一点儿	yìdiǎnr	8
少し	有点儿	yǒudiǎnr	4
鈴木 (日本人の姓)	铃木	Língmù	6

すずしい	涼快	liángkuai	4
スター	明星	míngxīng	10
スポーツ	运动	yùndòng	9
ズボン	裤子	kùzi	8
（球技などのスポーツを）する	打	dǎ	10
する	做	zuò	7
～するつもりである	打算	dǎsuàn	10

せ

背	个子	gèzi	4
西南高校	西南高中	Xīnán Gāozhōng	1
先生	老师	lǎoshī	1

そ

外	外面/外边	wàimiàn/wàibian	6
その通りである	对	duì	1
そば	旁边	pángbiān	6

た

第	第	dì	10
大学	大学	dàxué	5
大学生	大学生	dàxuéshēng	1
太極拳	太极拳	tàijíquán	10
だいたい	大约	dàyuē	8
高い	高	gāo	4
高橋（日本人の姓）	高桥	Gāoqiáo	1
高橋美穂	高桥美穂	Gāoqiáo Měisuì	1
食べる	吃	chī	3
～ために	给	gěi	9
足りない	差	chà	7
だれ	谁	shéi	1

ち

地下鉄	地铁	dìtiě	8
父	爸爸	bàba	1
茶	茶	chá	3
中学生	初中生	chūzhōngshēng	1
中国語	汉语	Hànyǔ	2
中国人	中国人	Zhōngguórén	1
中国料理	中国菜	Zhōngguó cài	7
昼食	午饭	wǔfàn	3
中日辞典	汉日词典	Hàn-Rì cídiǎn	2
長城	长城	Chángchéng	10
朝食	早饭	zǎofàn	7
張美華	张美华	Zhāng Měihuá	1

（動詞＋“一下”の形で）ちょっと～する	一下	yíxià	9

つ

机	桌子	zhuōzi	6

て

～で	在	zài	9
ディズニーランド	迪士尼乐园	Díshìní lèyuán	3
手紙を書く	写信	xiě xìn	9
（練習や訓練して）できる	会	huì	8
～です	是	shì	1
テニス	网球	wǎngqiú	10
天気	天气	tiānqì	4
電車	电车	diànchē	8
電話をかける	打电话	dǎ diànhuà	9

と

～と	跟	gēn	9
～と	和	hé	8
（名前を）～と言う	叫	jiào	1
同級生	同学	tóngxué	1
東京	东京	Dōngjīng	6
どうですか？	怎么样	zěnmeyàng	4
東都大学	东都大学	Dōngdū Dàxué	1
どこ	哪里	nǎli	6
どこ	哪儿	nǎr	3
図書館	图书馆	túshūguǎn	3
とても	很	hěn	4
友達	朋友	péngyou	1
どれ	哪	nǎ	2
どれ	哪个	nǎge/něige	2
どれら	哪些	nǎxiē/něixiē	2

な

～ない	不	bù	1
ない	没有	méiyǒu	5
中	里	li	6
中	里面/里边	lǐmiàn/lǐbian	6
夏休み	暑假	shǔjià	3
なに	什么	shénme	2

に

～に	对	duì	9
～に	给	gěi	9

～日間	天	tiān	10
日曜日	星期天	xīngqītiān	3
日本人	日本人	Rìběnrén	1
ニューヨーク	纽约	Niǔyuē	6

ね

寝る	睡觉	shuìjiào	7
～年生	年级	niánjí	5

の

～の	的	de	1
登る	爬	pá	10
飲む	喝	hē	3
(自転車やバイクに) 乗る	骑	qí	8
乗る	坐	zuò	8

は

はい	对	duì	1
はじめまして	你好	nǐ hǎo	1
バス	公交车	gōngjiāochē	8
パスポート	护照	hùzhào	5
パソコン	电脑	diànnǎo	5
発音	发音	fāyīn	4
話す	说	shuō	8
母	妈妈	māma	6
林翔	林翔	Lín Xiáng	1
ハンバーガー	汉堡包	hànbǎobāo	3

ひ

(背が) 低い	矮	ǎi	4
弾く	弹	tán	9
非常に	非常	fēicháng	4
左	左面/左边	zuǒmiàn/zuǒbian	6
人	人	rén	5
病院	医院	yīyuàn	8

ふ

付近	附近	fùjìn	6
服	衣服	yīfu	8
冬休み	寒假	hánjià	3
フライドポテト	薯条	shǔtiáo	3
～分	分	fēn	7
文法	语法	yǔfǎ	4

へ

北京	北京	Běijīng	6
北京ダック	烤鸭	kǎoyā	10

ペン	笔	bǐ	5
勉強する	学	xué	10
勉強する	学习	xuéxí	9
弁当	便当	biàndāng	8

ほ

ボールペン	圆珠笔	yuánzhūbǐ	8
ポケット	口袋	kǒudài	6
北海道	北海道	Běihǎidào	10
本	书	shū	2
本当に	真	zhēn	4

ま

まあまあ	还可以	hái kěyǐ	4
毎日	每天	měitiān	7
前	前面/前边	qiánmiàn/qiánbian	6
マクドナルド	麦当劳	Màidāngláo	3
まだ	还	hái	10
漫画	漫画	mànhuà	2

み

右	右面/右边	yòumiàn/yòubian	6
道	路	lù	8
みな	都	dōu	2
見る	看	kàn	3

む

向かい	对面	duìmiàn	6
難しい	难	nán	4

め

メール	邮件	yóujiàn	9

も

も	也	yě	2
木曜日	星期四	xīngqīsì	3
持っていない	没有	méiyǒu	5
持っている	有	yǒu	5
最も	最	zuì	4
もの	东西	dōngxi	8

や

野球	棒球	bàngqiú	10

ゆ

夕食	晚饭	wǎnfàn	7
郵便局	邮局	yóujú	3

よ

良い	好	hǎo	4

用事	事	shì	8
読む	看	kàn	3
夜	晚上	wǎnshang	7

ら

来週	下个星期	xià ge xīngqī	3

り

李（中国人の姓）	李	Lǐ	1
留学生	留学生	liúxuéshēng	5
料理	菜	cài	4
料理をする	做菜	zuò cài	8
旅行する	旅游	lǚyóu	9

れ

冷蔵庫	冰箱	bīngxiāng	6
歴史	历史	lìshǐ	9
レストラン	餐厅	cāntīng	4
レポート	报告	bàogào	10
練習する	练习	liànxí	9
恋愛	恋爱	liàn'ài	2

わ

私	我	wǒ	1
私たち	我们	wǒmen	1
私たち	咱们	zánmen	1

助詞

（文末に置いて肯定などの語気を表す）	啊	a	4
（文末に置いて推測・提案・軽い命令などの語気を表す）	吧	ba	3
～は？	呢	ne	3
（文末に置いて疑問の語気を表す）～か	吗	ma	1

量詞

（広く人やものを数える）～個、人	个	ge	5
（家族の人数を数える）～人	口	kǒu	5
（コップに入っているものを数える）～杯	杯	bēi	8
（細長いものを数える）～本	条	tiáo	8
（棒状のものを数える）～本	支	zhī	8

（取っ手のあるものを数える）～本	把	bǎ	8
（冊子上のものを数える）～冊	本	běn	8
（平面が目立つものを数える）～枚	张	zhāng	8
（衣類や事柄を数える）～枚、～件	件	jiàn	8
（敬意を持って人を数える）～名	位	wèi	5
～回	次	cì	10
（時間の単位）半	半	bàn	7
（時間の単位）15分	刻	kè	7
（通貨単位）～元	块	kuài	5

ご採用の先生方へ

本テキストに付録している plus+Media の文法解説動画の中に確認問題を挿入しています。この文法解説動画の確認問題は、次に説明する CheckLink に対応しています。（このテキスト自体には CheckLink 対応の問題はありませんのでご注意ください）。

CheckLink を使用しなくても問題ありませんが、反転授業などにご活用いただける、授業活性化に役立つツールです。右ページをご参考いただき、ぜひご活用ください。

なお、付録の内容などの詳しい説明は、教授用資料にありますので、そちらもご参考いただけますと幸いです。

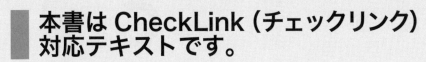

本書は CheckLink (チェックリンク) 対応テキストです。

CheckLink のアイコンが表示されている設問は、CheckLink に対応しています。

CheckLink を使用しなくても従来通りの授業ができますが、特色をご理解いただき、授業活性化のためにぜひご活用ください。

CheckLink の特色について

大掛かりで複雑な従来の e-learning システムとは異なり、CheckLink のシステムは大きな特色として次の3点が挙げられます。

1. これまで行われてきた教科書を使った授業展開に大幅な変化を加えることなく、専門的な知識なしにデジタル学習環境を導入することができる。
2. PC 教室や CALL 教室といった最新の機器が導入された教室に限定されることなく、普通教室を使用した授業でもデジタル学習環境を導入することができる。
3. 授業中での使用に特化し、教師・学習者双方のモチベーション・集中力をアップさせ、授業自体を活性化することができる。

▶教科書を使用した授業に「デジタル学習環境」を導入できる

本システムでは、学習者は教科書の CheckLink のアイコンが表示されている設問に PC やスマートフォン、アプリからインターネットを通して解答します。そして教師は、授業中にリアルタイムで解答結果を把握し、正解率などに応じて有効な解説を行うことができるようになっています。教科書自体は従来と何ら変わりはありません。解答の手段として CheckLink を使用しない場合でも、従来通りの教科書として使用して授業を行うことも、もちろん可能です。

▶教室環境を選ばない

従来の多機能な e-learning 教材のように学習者側の画面に多くの機能を持たせることはせず、「解答する」ことに機能を特化しました。PC だけでなく、一部タブレット端末やスマートフォン、アプリからの解答も可能です。したがって、PC 教室や CALL 教室といった大掛かりな教室は必要としません。普通教室でも CheckLink を用いた授業が可能です。教師は PC だけでなく、一部タブレット端末やスマートフォンからも解答結果の確認をすることができます。

▶授業を活性化するための支援システム

本システムは予習や復習のツールとしてではなく、授業中に活用されることで真価を発揮する仕組みになっています。CheckLink というデジタル学習環境を通じ、教師と学習者双方が授業中に解答状況などの様々な情報を共有することで、学習者はやる気を持って解答し、教師は解答状況に応じて効果的な解説を行う、という好循環を生み出します。CheckLink は、普段の授業をより活力のあるものへと変えていきます。

上記3つの大きな特色以外にも、掲示板などの授業中に活用できる機能を用意しています。従来通りの教科書としても使用はできますが、ぜひ CheckLink の機能をご理解いただき、普段の授業をより活性化されたものにしていくためにご活用ください。

CheckLink の使い方

CheckLink は、PC や一部のタブレット端末、スマートフォン、アプリを用いて、この教科書にある
↻CheckLink のアイコン表示のある設問に解答するシステムです。
・初めて CheckLink を使う場合、以下の要領で**「学習者登録」**と**「教科書登録」**を行います。
・一度登録を済ませれば、あとは毎回**「ログイン画面」**から入るだけです。CheckLink を使う
　教科書が増えたときだけ、改めて**「教科書登録」**を行ってください。

CheckLink URL

https://checklink.kinsei-do.co.jp/student/

 登録は CheckLink 学習者用
アプリが便利です。ダウン
ロードはこちらから ▶▶▶

▶学習者登録 （PC／タブレット／スマートフォンの場合）

①上記 URL にアクセスすると、右のページが表示されます。学校名を入力し
　「ログイン画面へ」を選択してください。
　PC の場合は「PC 用はこちら」を選択して PC 用ページを表示します。同
　様に学校名を入力し「ログイン画面へ」を選択してください。
②ログイン画面が表示されたら**「初めての方はこちら」**を選択し
　「学習者登録画面」に入ります。

③自分の学籍番号、氏名、メールアドレス（学校
　のメールなど **PC メールを推奨**）を入力し、次
　に**任意のパスワード**を 8 桁以上 20 桁未満（半
　角英数字）で入力します。なお、学籍番号は
　パスワードとして使用することはできません。
④「パスワード確認」は、❸で入力したパスワー
　ドと同じものを入力します。
⑤最後に「登録」ボタンを選択して登録は完了
　です。次回からは、「ログイン画面」から学籍
　番号とパスワードを入力してログインしてく
　ださい。

▶教科書登録

①ログイン後、メニュー画面から「教科書登録」を選び（PCの場合はその後「新規登録」ボタンを選択）、「教科書登録」画面を開きます。

②教科書と受講する授業を登録します。
教科書の最終ページにある、**教科書固有番号**のシールをはがし、印字された**16桁の数字とアルファベット**を入力します。

③授業を担当される先生から連絡された**11桁の授業ID**を入力します。

④最後に「登録」ボタンを選択して登録は完了です。

⑤実際に使用する際は「教科書一覧」（PCの場合は「教科書選択画面」）の該当する教科書名を選択すると、「問題解答」の画面が表示されます。

▶問題解答

①問題は教科書を見ながら解答します。この教科書の CheckLink のアイコン表示のある設問に解答できます。

②問題が表示されたら選択肢を選びます。

③表示されている問題に解答した後、「解答」ボタンを選択すると解答が登録されます。

▶CheckLink 推奨環境

PC
推奨 OS
  Windows 7, 10 以降
  MacOS X 以降

推奨ブラウザ
  Internet Explorer 8.0 以上
  Firefox 40.0 以上
  Google Chrome 50 以上
  Safari

携帯電話・スマートフォン
  3G 以降の携帯電話（docomo, au, softbank）
  iPhone, iPad（iOS9 〜）
  Android OS スマートフォン、タブレット

・最新の推奨環境についてはウェブサイトをご確認ください。
・上記の推奨環境を満たしている場合でも、機種によってはご利用いただけない場合もあります。また、
　推奨環境は技術動向等により変更される場合があります。

▶CheckLink 開発
CheckLink は奥田裕司 福岡大学教授、正興 IT ソリューション株式会社、株式会社金星堂に
よって共同開発されました。

CheckLink は株式会社金星堂の登録商標です。

CheckLink の使い方に関するお問い合わせは…

正興 IT ソリューション株式会社　CheckLink 係

e-mail checklink@seiko-denki.co.jp

このテキストのメインページ
www.kinsei-do.co.jp/plusmedia/0728

次のページの QR コードを読み取ると
直接ページにジャンプできます

オンライン映像配信サービス「plus⁺Media」について

本テキストの映像は plus⁺Media ページ（www.kinsei-do.co.jp/plusmedia）から、ストリーミング再生でご利用いただけます。手順は以下に従ってください。

ログイン

ログインページ

- ●ご利用には、ログインが必要です。
  サイトのログインページ（www.kinsei-do.co.jp/plusmedia/login）へ行き、plus⁺Media パスワード（次のページのシールをはがしたあとに印字されている数字とアルファベット）を入力します。

- ●パスワードは各テキストにつき1つです。
  有効期限は、<u>はじめてログインした時点から1年間</u>になります。

[利用方法]

次のページにある QR コード、もしくは plus⁺Media
トップページ（www.kinsei-do.co.jp/plusmedia）から該当するテキストを選んで、そのテキストのメインページにジャンプしてください。

メニューページ　　再生画面

plus+Media トップ　　メインページ

「Video」「Audio」をタッチすると、それぞれのメニューページにジャンプしますので、そこから該当する項目を選べば、ストリーミングが開始されます。

[推奨環境]

iOS (iPhone, iPad)	OS: iOS 12 以降　ブラウザ：標準ブラウザ	Android	OS: Android 6 以降　ブラウザ：標準ブラウザ、Chrome
PC	OS: Windows 7/8/8.1/10, MacOS X　ブラウザ：Internet Explorer 10/11, Microsoft Edge, Firefox 48以降, Chrome 53以降, Safari		

※最新の推奨環境についてはウェブサイトをご確認ください。
※上記の推奨環境を満たしている場合でも、機種によってはご利用いただけない場合もあります。また、推奨環境は技術動向等により変更される場合があります。予めご了承ください。

本テキストをご使用の方は以下の動画を視聴することができます。

発音解説・練習動画

解説パート
李軼倫先生が発音のコツをわかりやすく解説

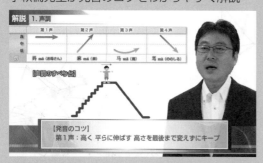

練習パート
チャンツを活用して、リズムに合わせて発音練習

文法解説動画

金子真生先生が文法について簡潔に解説

確認問題は CheckLink で解答状況を確認

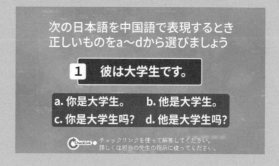

日中異文化理解動画

会話シーン

解説シーン

● 日本を舞台とした会話シーンでは、日本人学生と留学生のやり取りから、日中異文化を描いています。

● 解説シーンでは洪潔清先生による異文化理解の説明があります。

◀ここからはがして下さい

このシールをはがすと
plus+Media 利用のための
パスワードが
記載されています。

一度はがすと元に戻すことは
できませんのでご注意下さい。

728 グッと入門 plus+Media
中国語　改訂版

◀ここからはがして下さい

このシールをはがすと
CheckLink 利用のための
「教科書固有番号」が
記載されています。

一度はがすと元に戻すことは
できませんのでご注意下さい。

728 グッと入門中国語
改訂版 CheckLink

グッと入門中国語　改訂版

2023 年 1 月 9 日　初版発行
2024 年 8 月 30 日　第 3 刷発行

著　者　ⓒ芦田久美子
　　　　　氷野善寛
　　　　　王　　牧
発行者　　福岡正人
発行所　　株式会社　金星堂

〒101-0051　東京都千代田区神田神保町 3-21
Tel. 03-3263-3828　Fax. 03-3263-0716
E-mail : text@kinsei-do.co.jp
URL : http://www.kinsei-do.co.jp

編集担当　川井義大　　　　　　　　　　2-00-0728
組版／株式会社欧友社　印刷／興亜産業　製本／松島製本
KINSEIDO, 2023, Printed in Japan

ISBN978-4-7647-0728-3 C1087

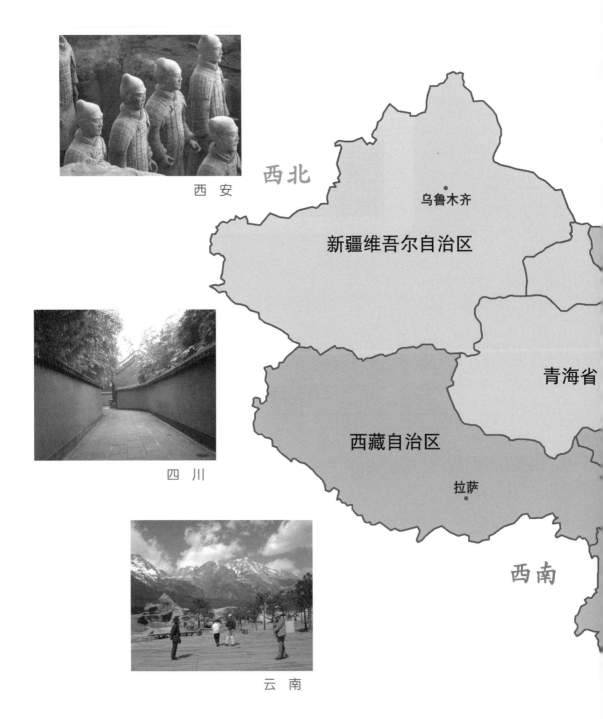

西 安

四 川

云 南

西北

乌鲁木齐

新疆维吾尔自治区

青海省

西藏自治区

拉萨

西南

呼和浩特

黑龙江省
哈尔滨

长春
吉林省

内蒙古自治区

沈阳

辽宁省

东北

华北

呼和浩特

北京市

石家庄

天津市

宁夏回族
自治区

山西省

河北省

北京

银川

太原

济南

西宁

兰州

山东省

甘肃省

西安

郑州

江苏省 华东

陕西省

河南省

安徽省 南京

上海市

四川省 成都

湖北省 武汉

合肥

杭州

重庆市

华中

南昌

浙江省

长沙

湖南省

江西省

福州

贵州省

福建省

贵阳

昆明

广西壮族
自治区

广东省

台北

台湾

云南省

广州

华南

南宁

香港

澳门

海口

海南省

上海

中国語音節表

声母＼韻母		介音なし																		
	声母	a	o	e	-i[ʅ]	-i[ɿ]	er	ai	ei	ao	ou	an	en	ang	eng	-ong	i[i]	ia	iao	i…
	ゼロ	a	o	e			er	ai	ei	ao	ou	an	en	ang	eng		yi	ya	yao	y…
唇音	b	ba	bo					bai	bei	bao		ban	ben	bang	beng		bi		biao	bi…
唇音	p	pa	po					pai	pei	pao	pou	pan	pen	pang	peng		pi		piao	pi…
唇音	m	ma	mo	me				mai	mei	mao	mou	man	men	mang	meng		mi		miao	mi…
唇音	f	fa	fo						fei		fou	fan	fen	fang	feng					
舌尖音	d	da		de				dai	dei	dao	dou	dan	den	dang	deng	dong	di		diao	di…
舌尖音	t	ta		te				tai		tao	tou	tan		tang	teng	tong	ti		tiao	ti…
舌尖音	n	na		ne				nai	nei	nao	nou	nan	nen	nang	neng	nong	ni		niao	ni…
舌尖音	l	la		le				lai	lei	lao	lou	lan		lang	leng	long	li	lia	liao	li…
舌根音	g	ga		ge				gai	gei	gao	gou	gan	gen	gang	geng	gong				
舌根音	k	ka		ke				kai	kei	kao	kou	kan	ken	kang	keng	kong				
舌根音	h	ha		he				hai	hei	hao	hou	han	hen	hang	heng	hong				
舌面音	j																ji	jia	jiao	ji…
舌面音	q																qi	qia	qiao	qi…
舌面音	x																xi	xia	xiao	xi…
そり舌音	zh	zha		zhe	zhi			zhai	zhei	zhao	zhou	zhan	zhen	zhang	zheng	zhong				
そり舌音	ch	cha		che	chi			chai		chao	chou	chan	chen	chang	cheng	chong				
そり舌音	sh	sha		she	shi			shai	shei	shao	shou	shan	shen	shang	sheng					
そり舌音	r			re	ri					rao	rou	ran	ren	rang	reng	rong				
舌歯音	z	za		ze		zi		zai	zei	zao	zou	zan	zen	zang	zeng	zong				
舌歯音	c	ca		ce		ci		cai		cao	cou	can	cen	cang	ceng	cong				
舌歯音	s	sa		se		si		sai		sao	sou	san	sen	sang	seng	song				

介音 i						介音 u									介音 ü			
iou	ian	in	iang	ing	iong	u	ua	uo	uai	uei	uan	uen	uang	ueng	ü	üe	üan	ün
you	yan	yin	yang	ying	yong	wu	wa	wo	wai	wei	wan	wen	wang	weng	yu	yue	yuan	yun
	bian	bin		bing		bu												
	pian	pin		ping		pu												
miu	mian	min		ming		mu												
						fu												
diu	dian			ding		du		duo		dui	duan	dun						
	tian			ting		tu		tuo		tui	tuan	tun						
niu	nian	nin	niang	ning		nu		nuo			nuan				nü	nüe		
liu	lian	lin	liang	ling		lu		luo			luan	lun			lü	lüe		
						gu	gua	guo	guai	gui	guan	gun	guang					
						ku	kua	kuo	kuai	kui	kuan	kun	kuang					
						hu	hua	huo	huai	hui	huan	hun	huang					
jiu	jian	jin	jiang	jing	jiong										ju	jue	juan	jun
qiu	qian	qin	qiang	qing	qiong										qu	que	quan	qun
xiu	xian	xin	xiang	xing	xiong										xu	xue	xuan	xun
						zhu	zhua	zhuo	zhuai	zhui	zhuan	zhun	zhuang					
						chu	chua	chuo	chuai	chui	chuan	chun	chuang					
						shu	shua	shuo	shuai	shui	shuan	shun	shuang					
						ru	rua	ruo		rui	ruan	run						
						zu		zuo		zui	zuan	zun						
						cu		cuo		cui	cuan	cun						
						su		suo		sui	suan	sun						